THOMAS KETTL VERLAG

Loire ²

KANU KOMPAKT

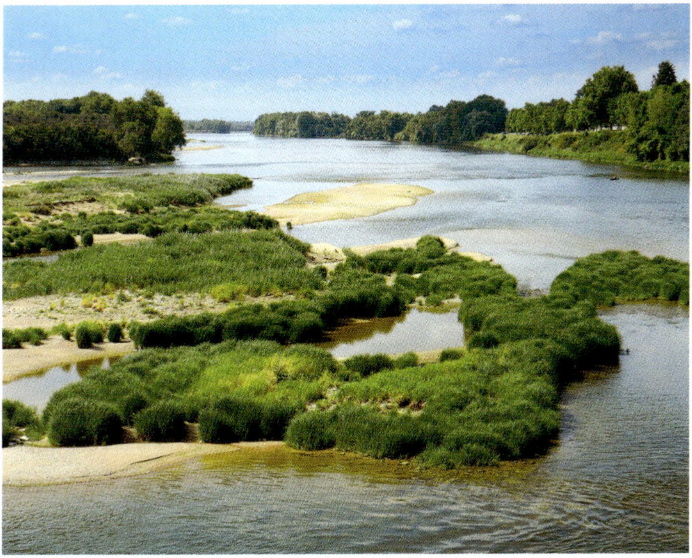

Impressum

© 2017 **THOMAS KETTLER VERLAG**
Von-Hutten-Str. 15
D-22761 Hamburg
Tel +49 (40) 39 10 99 10
Fax +49 (40) 390 68 20
mail@thomas-kettler-verlag.de
www.thomas-kettler-verlag.de

1. Auflage April 2017
Text: Regina Stockmann
Lektorat: Thomas Kettler
Fotos: Regina & Lars Stockmann
Titelfoto: *Auf der Loire vor Chaumont-sur-Loire,* Regina Stockmann
Foto Seite 1: *Die Loire bei Beaugency,* Regina Stockmann

Weitere Bildnachweise: alle CC BY-SA Wikimedia Commons:
Seite 08: Dontpanic, Seite 22: Taxiarchos228, Seite 26: Diliff, Seite 29: Cramos, Seite 33 & 79: Manfred Heyde, Seite 38: Cjp24, Seite 41: Chatmouettes, Seite 53: Vl, Seite 64: couscouschocolat, Seite 67: Tango7174, Seite 71: Duch.seb, Seite 72: Goldmund100, Seite 76 unten: Jean-Christophe BENOIST, Seite 81: Gerard Jalaudin, Seite 82: Matthias Holländer, Seite 83 oben: LPLT, Seite 85: Vinckie, Seite 86: Coucouoeuf, Seite 87: Pymouss44, Seite 88: Tango7174, Seite 93 unten: Alain Laurioux CDDENE

Wasserwanderkarten: Artifex (www.artifex-karte.de), Carola Hillmann
Übersichtskarten & Stadtpläne: Heide Schwinn, Stepmap
Satz: Nathalie Kern (www.nathaliekern.de), Carola Hillmann
Illustration: Ann-Sophie Ränger, Carola Hillmann
Idee, Layout & Konzept: Carola Hillmann
Lektorat Kanufahrschule: Falk Bruder
Druck: AZ Druck und Datentechnik GmbH, Kempten

Bibliografische Information der Deutschen Nationalbibliothek
Die Deutsche Nationalbibliothek verzeichnet diese Publikation in der Deutschen Nationalbibliografie; detaillierte bibliografische Daten sind im Internet über *http://dnb.d-nb.de* abrufbar.

ISBN 978-3-934014-60-2

Informationen zum Kanuwandern und zur Loire

Kanutour auf der Loire von Beaugency bis Saumur

Adressen

Weiteres

Vorwort

Ein majestätischer Fluss, dessen in weiten Teilen große Unberührtheit den Paddler in Begeisterung versetzt – einer der letzten wilden Flüsse Europas! Dem gegenüber zeigt er eine beeindruckende Kulturlandschaft: An seinen Ufern stehen, aufgereiht wie Perlen auf einer Schnur, zahlreiche Schlösser von Weltrang aus dem Mittelalter bis hin zur Renaissance. Dazu die bekannte französische Gemütlichkeit und Gastfreundschaft – eine einzigartige Kombination, die so nur an der Loire zu finden ist.

Mit 1004 km längster Fluss Frankreichs fließt die Loire über 300 Kilometer durch das UNESCO Weltkulturerbe „Val de Loire". In diesem Abschnitt verläuft unsere Kanutour und berührt dabei mehr geschichtsträchtige Orte und Schlösser zum Staunen und Erleben, als man in einer Reise erkunden kann.

Neben dieser Nähe zur Zivilisation ist das Erlebnis ursprünglicher Natur ein grundlegender Charakter der Tour. In ihrem oft weitläufigen Flussbett schafft die Loire weite Sandbänke, oft gesäumt von dichtem Uferwald, und selbst dort, wo sie von Uferstraßen begleitet wird, verstecken diese sich meist hinter Bäumen und Büschen. Aufgrund dieser Naturbelassenheit ist sie ein Refugium für viele Tierarten und während des Vogelzugs außerdem Raststation für ungezählte Vogelschwärme.

Wer die Nähe zur Natur liebt, darf an der Loire sogar einzelne Nächte biwakieren, auch wenn meist flussnahe Campingplätze zur Verfügung stehen. Aber ebenso gibt es in regelmäßigen Abständen feste Unterkünfte in Hotels und Pensionen. In einem der Restaurants oder Bistros kann der Paddler sich mit den Geheimnissen der feinen französischen Küche verwöhnen lassen.

Egal, ob Sie bereits erfahrener Paddler sind oder sich an Ihre erste Tour wagen, ob Sie zwei Wochen unterwegs sein wollen oder ins Wanderpaddeln reinschnuppern wollen:
Dieses Buch soll Sie mit allen Informationen zur Planung und Durchführung Ihrer Kanutour und Besichtigung der nahegelegenen Highlights versorgen und ich hoffe, dass die faszinierende Mischung aus wildem Fluss, herausragender Kultur und französischem Savoir-Vivre zu einem unvergesslichen Erlebnis für Sie wird.

Ihre
Regina Stockmann

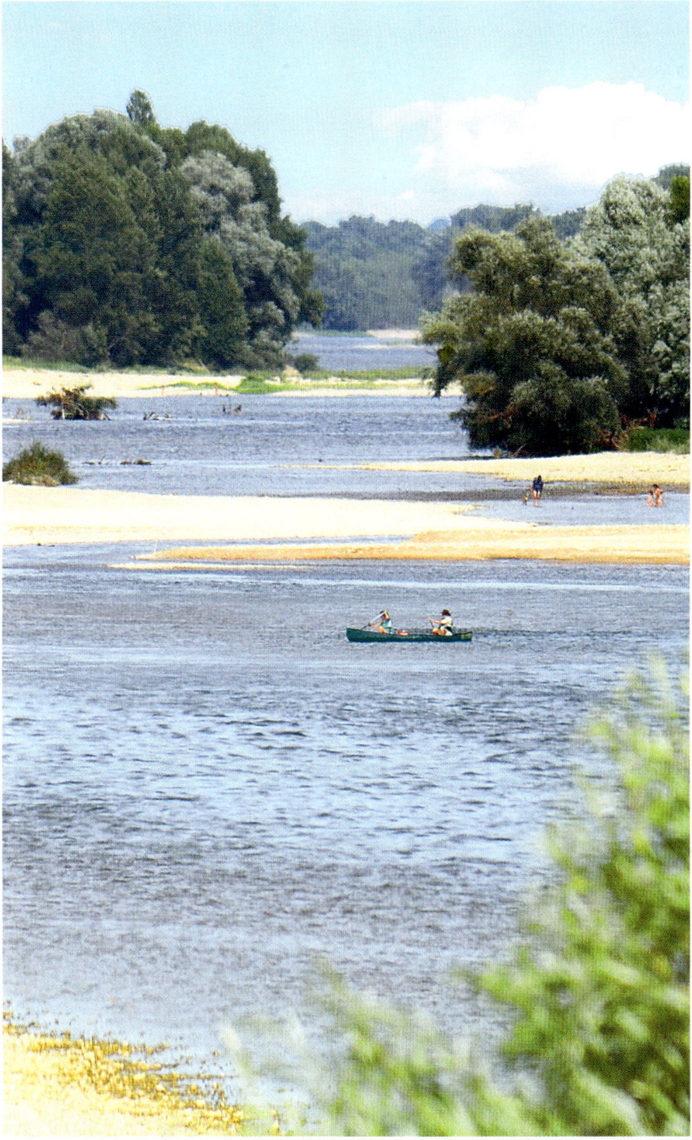

Die Loire schwemmt Sandbänke an und spült sie weg –
sie schafft sich ihr Flussbett immer neu.

Kanu & Ausrüstung

Das Kanu

Bevor es an die Planung der Tour geht, steht die Frage nach Kanu und Ausrüstung. **Kanu** ist der Oberbegriff für sowohl Kanadier als auch Kajaks. Der Kanadier eignet sich insbesondere für Wandertouren und bietet mehreren Personen mit Gepäck Platz. Er wird mit dem Stechpaddel bedient und ist offen.

Das **Kajak** ist meist bis auf eine kleine Luke geschlossen, wird mit einem Doppelpaddel gefahren und ist wendiger als ein Kanadier. Wegen seines windschlüpfrigen Verhaltens ist ein Kajak für das Befahren von größeren Seen und Wanderflüssen besonders geeignet. Der Nachteil liegt darin, dass die Zuladung beschränkt, das Ein- und Aussteigen umständlich und die Sitzposition, anders als beim Kanadier, durch die Bauweise vorgegeben ist. Im Kajak ist man sicherlich schneller unterwegs als im Kanadier. Kajaks gibt es generell für ein oder zwei Personen, während im Kanadier auch eine vierköpfige Familie Platz findet.

Der **Kanadier** besticht durch sein großzügiges Raumangebot und das einfache Beladen, Ein- und Aussteigen; Kinder können sich in ihm freier bewegen. Auch für den, der das Kanu durch ein Stechpaddel antreibt, bieten sich im Sitzen mit angewinkelten oder gestreckten Beinen oder kniend variantenreiche Sitzpositionen, die ein ermüdungsfreieres Paddeln ermöglichen. Die größere Kippstabilität wird vom Anfänger als angenehm empfunden. Sein Nachteil liegt eindeutig bei der größeren Windanfälligkeit, die das Befahren von großen, offenen Wasserflächen mühsam oder gar gefährlich werden lassen. Doch kann er mit einer Persenning (Spritzdecke) auch spritzwasserfest und weniger windanfällig gemacht werden.

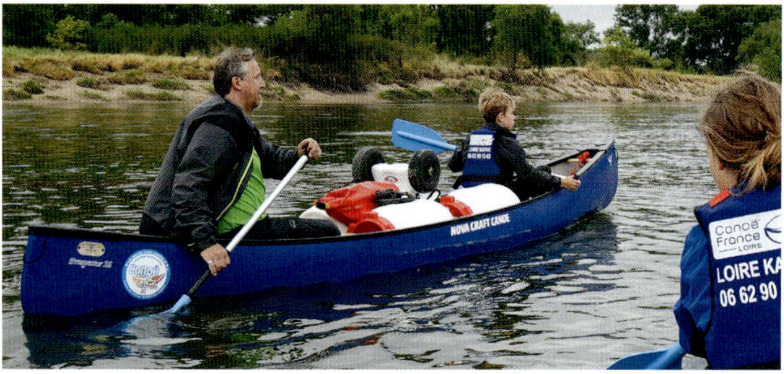

Mit Kanu und großem Gepäck unterwegs – ein Abenteuer für Familien.

Tipp: Wer mit dem Kanadier unterwegs ist und auch an Land mobil sein möchte (zurück zum Pkw), sollte in Erwägung ziehen, ein Faltrad mitzunehmen. Durch optimierte Falt-Scharniere wird aus dem Fahrrad innerhalb weniger Sekunden ein kleines, handliches Paket.

Zum notwendigen Zubehör beim Paddeln gehören:

- **Paddel.** Doppelpaddel sollten eine Länge von ca. 220-240 cm haben, während das im Kanadier verwendete Stechpaddel beim Stehen bis unters Kinn reichen sollte. Für Kinder darf es ruhig etwas länger sein. Kunststoffpaddel sind zwar pflegeleichter als Holzpaddel, die aber sind vom Material her sympathischer.
- **Tipp:** Paddel- oder einfache Radhandschuhe schützen empfindliche Hände vor Blasen.
- **Reservepaddel.** Muss in jedem Kanu griffbereit, aber sicher befestigt vorhanden sein. Noch wichtiger ist dies bei Solopaddlern, da sie manövrierunfähig werden, wenn das Paddel über Bord geht.
- **Rettungsweste.** Kein Kind darf ohne ohnmachtssichere Rettungsweste ins Boot. Sie hat einen Kragen, der den Kopf über Wasser hält und so wirklich vor dem Ertrinken schützt.
- **Schwimmweste.** Jeder Erwachsene sollte sie tragen (auch als Vorbildfunktion). Wie die Rettungsweste auch, muss sie dem Körpergewicht des Trägers angepasst sein.
- **Wurfsack.** Zum Retten eines Schwimmers vom Ufer aus. Der Nylonbeutel mit einem Auftriebselement und etwa 20 m Seil ist immer dabei, egal ob Wildwasser oder Wanderfahrt.
- **Bootswagen.** Ist für längere Landtransporte unverzichtbar. Wer sich einen zulegt, sollte gleich auf gute Verarbeitung achten. Er sollte stabil, das Rohrgestell verschweißt statt genietet und zusammenklappbar sein, breite Räder und eine Stütze haben, so dass er auch von nur einer Person beladen werden kann.
- **Praktisches:** *Leinen* zum Festmachen und Halten des Kanus, *Spanngurte* zum Sichern der Säcke und Tonnen, *Schwamm* zum Säubern und „Entwässern" des Kanus sowie ein *Schloss* (z.B. Spiralfahrradschloss) zum Sichern des Kanus am Ufer bei Besichtigungen / festen Unterkünften.

Ist man nur selten im Jahr im Kanu unterwegs kann es sinnvoll sein, sich dieses zu mieten. Hat man sich aber zum Kauf eines eigenen Kanus entschlossen, stellen sich verschiedene Fragen:

- Welche Gewässer möchte ich vorwiegend befahren?
- Fahre ich alleine im Boot oder mit dem Partner, mit Kindern, mit der ganzen Familie?
- Mache ich nur kleine Tagestouren oder gar mehrwöchige Gepäckfahrten? Wie transportiere ich mein Kanu? Wo lagere ich es?

Die Ausrüstung

Es gibt kein schlechtes Wetter, nur die falsche **Kleidung!** Für die hier in diesem Buch beschriebene Tour wird keine teure High-Tech-Kleidung benötigt, aber eine **gute Regenjacke und -hose** lässt den Paddler dem nächsten Regenschauer gelassen entgegensehen. Ansonsten sollte nach dem „Zwiebelprinzip" verfahren werden – mehrere leichte Kleidungsstücke übereinander ziehen. **Fleecepullis** mit ihrer hervorragenden Isolationseigenschaft, dem geringen Gewicht und der Tatsache, dass sie im nassen Zustand noch wärmen, aber auch schnell trocknen, sind ideal. Eine **lange Hose** aus einem Synthetic-Baumwollgemisch ist sicher besser als eine Jeans. **Schuhe** müssen nicht schön sein, sondern vor allem fest sitzen. Am besten sind **Schnür-, Sport-** oder **wasserfeste Trekkingsandalen** zum Treideln. Für kleine und große Ausflüge haben wir immer **Wanderschuhe** dabei. Da die Sonneneinstrahlung auf Wasserflächen sehr intensiv ist, dürfen ein **Sonnenschutz** und eine **Sonnenbrille** nicht fehlen. All die hier beschriebenen Ausrüstungsgegenstände finden Platz in **wasserdichten Weithals-Tonnen** sowie **Packsäcken** (optimal sind transparente), die durch ein „Roll- / Steckverschluss-System" **wasserdicht** verschlossen werden. Mehrere kleine sind idealer als wenige große!

Zelt, Schlafsack und **Isomatte** müssen mit auf Tour sein. Um das Zelt auf den wunderschönen sandigen Loire-Inseln ordentlich abspannen zu können, sind **Sandheringe** unentbehrlich.

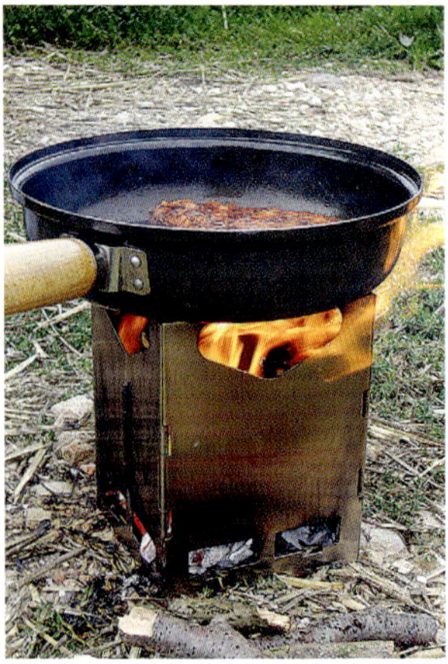

Kochen mit Holz – sicher nicht überall möglich.

Als **Küchenausstattung** empfiehlt sich ein Kochset, bestehend aus drei verschieden großen, ineinander gestellten Kochtöpfen (2 L, 1,5 L, 1 L), einem Wasserkessel und zwei verschieden großen Deckeln, die gleichzeitig als Pfannen dienen.

Eine **Espressokanne** ist für den morgendlichen Kaffee ideal. Weiterhin tiefe und flache Teller, Besteck, Wassersack, Thermoskanne, Thermobecher, kleines Schälmesser, Schneidebrettchen, Alufolie, Geschirrtuch, Spülmittel und eine Faltschüssel.

Ausreichend Trinkwasser und Lebensmittel mitführen!

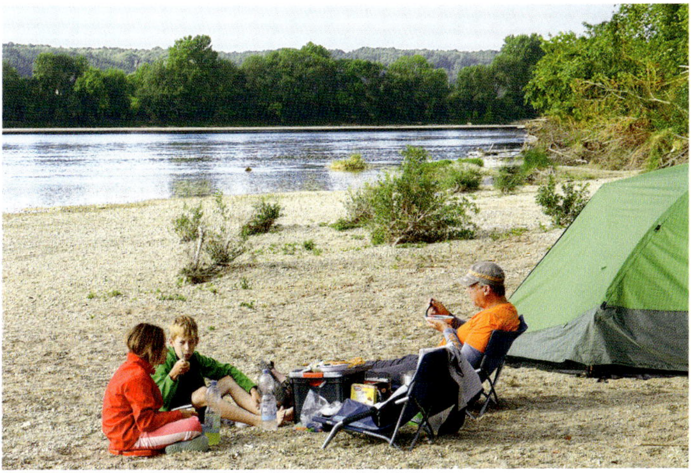

Abendessen in der Ruhe des Flusses und traumhafter Natur – besser kann es nicht werden.

Bei der Wahl eines Kochers sind folgende Typen zu unterscheiden:

- **Benzinkocher.** Hat den höchsten Heizwert. Benzin ist überall zu bekommen und billig.
- **Gaskocher.** Nicht so hoher Heizwert, jedoch sauberes Verbrennen. Teure Kartuschen.
- **Multifuel-Kocher.** Guter Heizwert. Ist mit fast jedem Flüssigbrennstoff zu betreiben und sehr leicht.
- **Petroleumkocher.** Hoher Heizwert, jedoch Geruchsbelästigung, die, anders als beim Benzin, nicht „verfliegt".
- **Spirituskocher.** Leicht und einfach zu handhaben. Spiritus hat jedoch einen relativ geringen Heizwert.
- **Weitere Ausrüstungsgegenstände:** ein Tarp oder Plane als Regen- / Sonnenschutz, kleiner Spaten oder Klappspaten, Toilettenpapier, Erste-Hilfe-Set, Waschzeug, Insektenschutz, Taschenmesser, Taschenlampe (Stirnlampe), Fernglas, Schreibutensilien, kleiner Rucksack, wasserdichte Kartentasche (schützt Karte oder Tourenführer nicht nur vor Wasser sondern auch vor dem Wegfliegen), ein *Schloss* (z.B. Spiralfahrradschloss) zum Sichern des Kanus am Ufer bei Besichtigungen / festen Unterkünften.

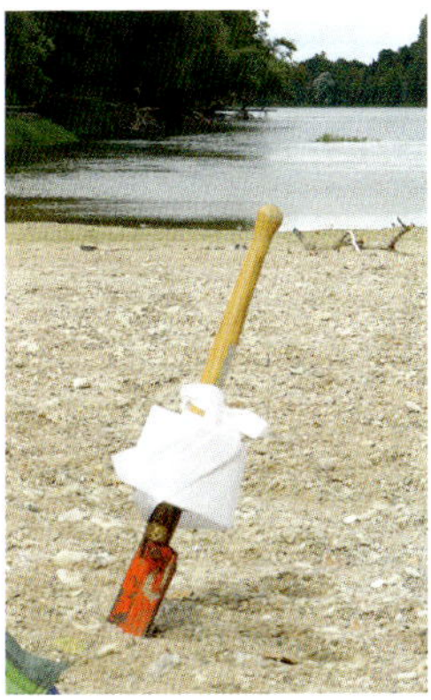

Unabdingbar: Toilettenpapier & Spaten.

„Kleine Kajak- & Kanadier-Fahrschule“

Schlagrichtung des Paddlers 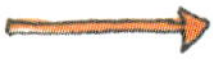 Bewegungsrichtung des Kanus 

Die beschriebenen Paddelschläge können und sollen miteinander kombiniert werden. Zur korrekten Ausführung wird das Paddel im Prinzip nicht durch das Wasser „gezogen“, sondern soll annähernd stationär bleiben und das Kanu über das Wasser bewegt werden. Hierbei wird eine optimale Kraftausbeute angestrebt. Bei einem sehr gut ausgeführten Paddelschlag gibt es keine Verwirbelungen und kaum Wellen am Paddelblatt.

Kajak-Fahrschule

Allgemeines

In der Regel sind die beiden Blätter eines Doppelpaddels gegeneinander verdreht. Bei den üblichen rechtsgedrehten Paddeln umfasst die rechte Hand den Schaft so, dass das rechte Paddelblatt senkrecht ins Wasser eingetaucht werden kann. Die linke Hand umfasst den Paddelschaft nur locker und nach jedem Paddelschlag wird das Paddel mit der rechten Hand so gedreht, dass das aktive Blatt senkrecht ins Wasser gesetzt werden kann (bei linksgedrehten Paddeln gelten die Hinweise entsprechend seitenvertauscht). Stellen Sie die Fußstützen des Kajaks so ein, dass Sie bequem sitzen und gleichzeitig einen guten Bootskontakt mit den Oberschenkeln haben. Bei Kajaks mit Fußsteuerung den Abstand der Pedale so wählen, dass Sie mit leicht angewickelten Beinen im Boot sitzen und genügend Spielraum nach vorne haben, um das Pedal durchzutreten und das Steuer bewegen zu können.

Einsteigen

Kanu parallel zum Ufer ausrichten, bei starker Strömung mit dem Bug (=Bootsspitze) gegen die Strömungsrichtung. Zum Einsteigen das Boot mit der sogenannten „Paddelbrücke“ stabilisieren: Paddel im rechten Winkel zum Boot über Süllrand (=Bootsrand) und Ufer oder Steg legen; mit einer Hand Süllrand und Paddel fassen und mit der anderen Hand das Paddel aufs Ufer drücken. Zum Einsteigen das Gewicht über das Paddel verlagern und mit dem bootsseitigen Fuß zuerst einsteigen. Anschließend möglichst rasch hinsetzen, d. h. im Kajak gleich auf den Sitz rutschen, um einen tiefen Schwerpunkt zu erzielen und die Stabilität des Kanus zu erhöhen.

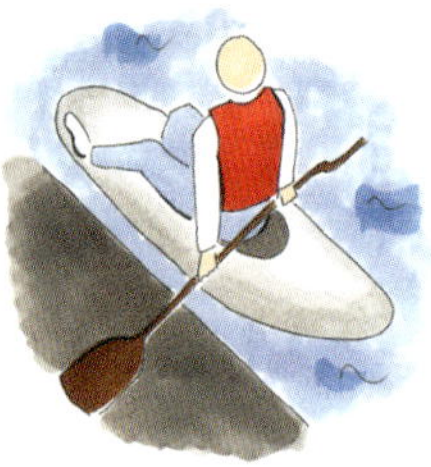

Spritzdecke

Spritzdecke zunächst hinter dem Körper um den Süllrand legen und von hinten nach vorne schließen; abschließend nach vorne über den Süllrand ziehen. Dabei unbedingt darauf achten, dass die Lasche vorne herausguckt, um die Spritzdecke im Falle einer Kenterung leichter öffnen zu können.

Paddelhaltung

Das Paddel in beide Hände nehmen und auf den Kopf legen. Die optimale Griffbreite ist erreicht, wenn der Winkel zwischen Ober- und Unterarm ein wenig kleiner als 90 Grad ist.

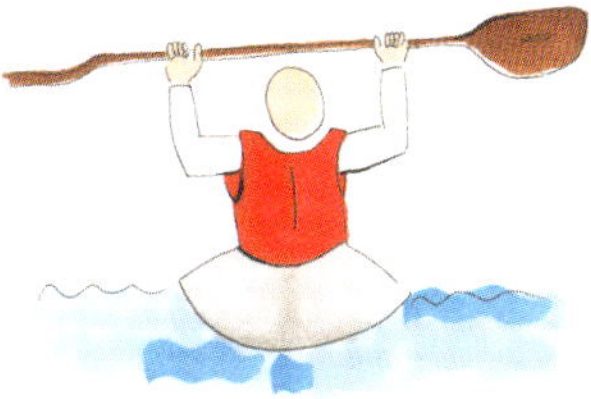

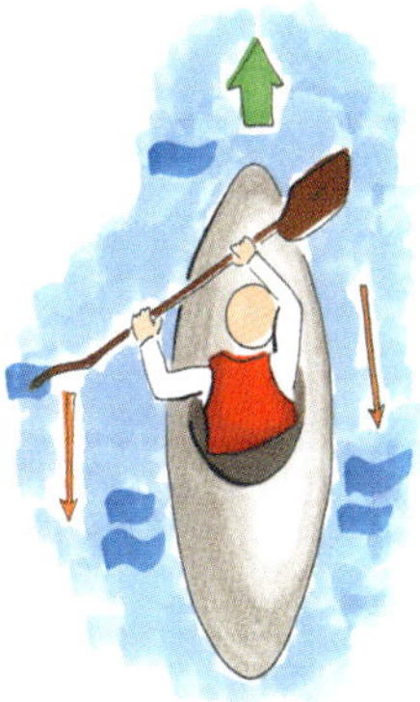

Grund- und Treibschlag

Mit leicht nach vorne gebeugtem Oberkörper Paddel vorne, dicht neben der Bootswand einsetzen. Die „Zughand" zieht das Paddel parallel am Boot entlang nach hinten, während die „Druckhand" das sich in der Luft befindliche Blatt nach vorne drückt. Die Bewegung nicht allein mit den Unterarmen ausführen, sondern zur Unterstützung bei gestrecktem Arm den Oberkörper mitdrehen. Ist das aktive Paddelblatt knapp hinter der Sitzposition, den Zug stoppen und die Seite wechseln.

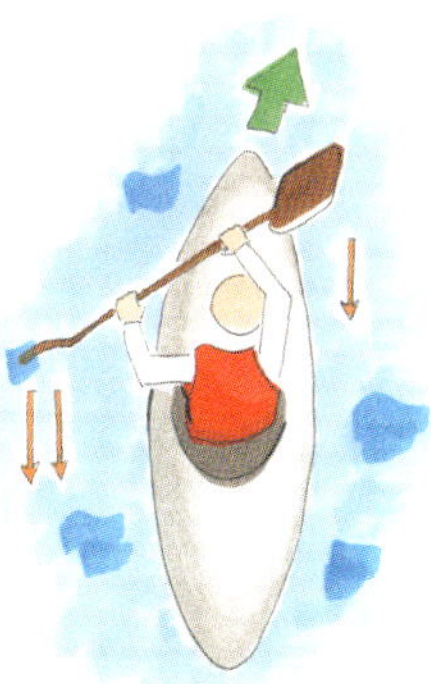

Steuern

Wird der Paddelschlag auf der linken Seite stärker ausgeführt, dreht der Bug nach rechts – und umgekehrt. So können Sie das Boot – ganz ohne die ebenfalls erhältlichen Fußsteueranlagen – auf Kurs halten. Sind starke Kursänderungen erforderlich, erreichen Sie diese mit dem Bogenschlag. Beim Ab- und Anlegen mit Kajaks die über eine Steueranlage verfügen unbedingt daran denken, das Steuer rechtzeitig einzuklappen, um es nicht zu verbiegen.

Ziehschlag

Steuerschlag, um das Boot seitlich zu versetzen; dazu das Paddelblatt möglichst weit entfernt senkrecht zur Längsachse und parallel zum Boot ins Wasser tauchen und nicht zu dicht, an die Bootswand heranziehen und nach oben aus dem Wasser nehmen. Dabei darauf achten, dass das Paddelblatt nicht unter den Bootskörper gezogen wird, da dies zum Kentern führen kann.

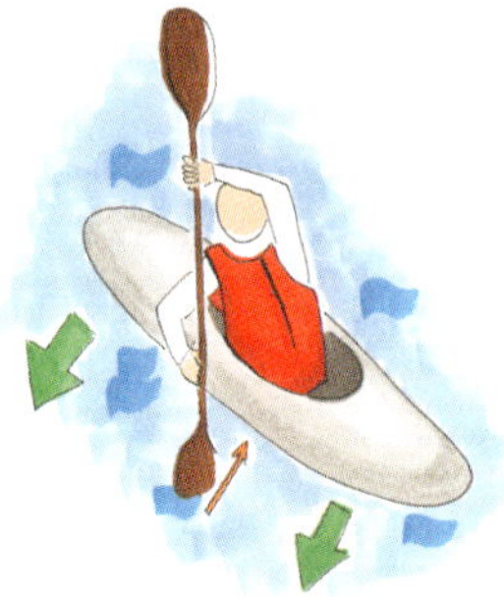

Bogenschlag

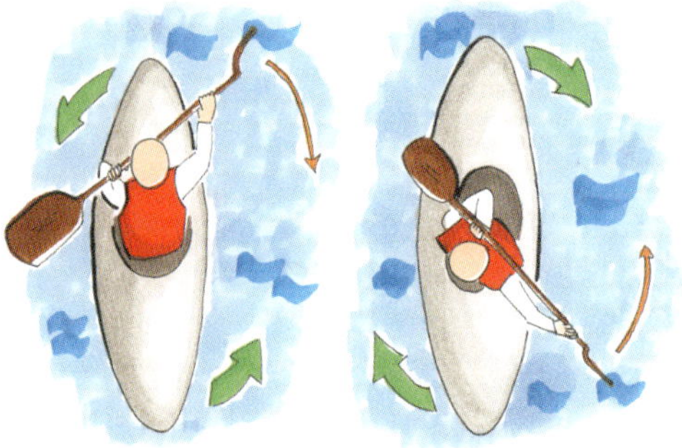

vorwärts *rückwärts*

Steuerschlag, um das Boot zu drehen: vorwärts ausgeführt, dreht er das Boot weg von der Schlagseite. Dazu das Paddel möglichst weit vorne und dicht am Boot eintauchen und das Paddelblatt flach unter der Wasseroberfläche in einem weiten Halbkreis um das Boot bis nahe ans Heck führen. Je größer der Radius, desto stärker die Steuerwirkung. Um das Kanu abzubremsen und gleichzeitig eine Kurskorrektur zur Paddelseite hin durchzuführen, können Sie den Bogenschlag rückwärts ausführen.

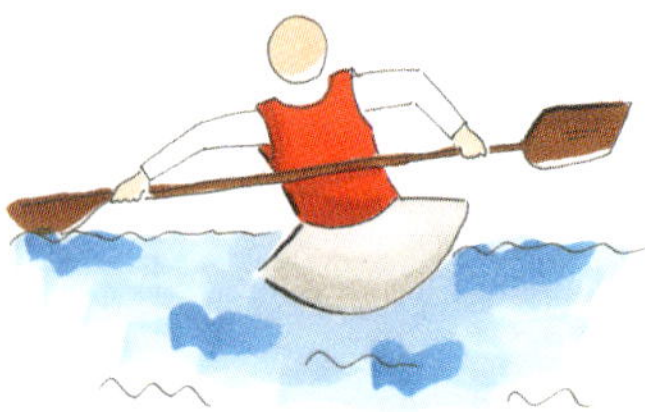

Paddelstütze

Stabilisierungsschlag, bei dem das Paddel als Ausleger genutzt wird, um das Kentern zu verhindern; dazu einfach das Paddel auf der Seite, zu der das Boot zu kippen droht, soweit wie möglich nach außen flach auf das Wasser drücken.

Kanadier-Fahrschule

Allgemeines

Auf dem hinteren Sitz nimmt in der Regel der erfahrenere oder kräftigere Paddler Platz. Er gibt im Flachwasser die grobe Richtung vor, der Vordermann versucht ihn zu unterstützen. Der Vordermann gibt die Schlagzahl vor; achten Sie darauf, einen möglichst gleichmäßigen Schlagrhythmus einzuhalten, um ein „Aus-dem-Ruder-laufen" zu vermeiden. Je nach Ausdauer kann ein gelegentlicher Wechsel der Paddelseiten stattfinden, der von beiden nach Absprache gleichzeitig durchgeführt wird. Der Vordermann hat stets die Aufgabe auf Hindernisse, die direkt vor dem Kanadier auftauchen, aufmerksam zu machen.

Einsteigen

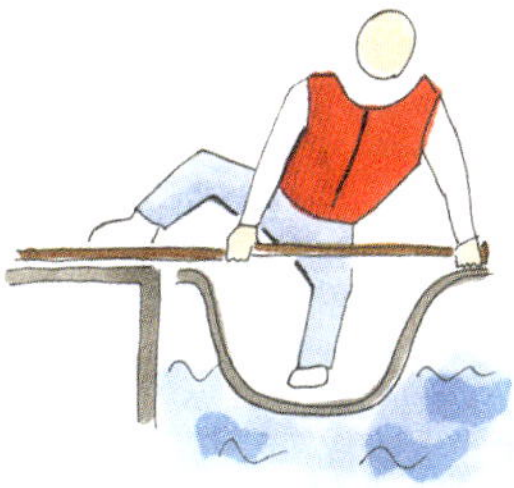

Kanu parallel zum Ufer ausrichten, bei starker Strömung mit dem Bug (= Bootsspitze) gegen die Strömungsrichtung. Zum Einsteigen das Boot mit der sogenannten „Paddelbrücke" stabilisieren: Paddel im rechten Winkel zum Boot über Süllrand (= Bootsrand) und Ufer oder Steg legen; mit einer Hand Süllrand und Paddel fassen und mit der anderen Hand das Paddel aufs Ufer drücken. Zum Einsteigen das Gewicht über das Paddel verlagern und mit dem bootsseitigen Fuß zuerst einsteigen. Anschließend möglichst rasch hinsetzen oder beim Kanadier auch möglich, eventuell hinknien, um einen tiefen Schwerpunkt zu erzielen und die Stabilität des Kanus zu erhöhen.

Aussteigen

Wie Einsteigen, nur in umgekehrter Reihenfolge.

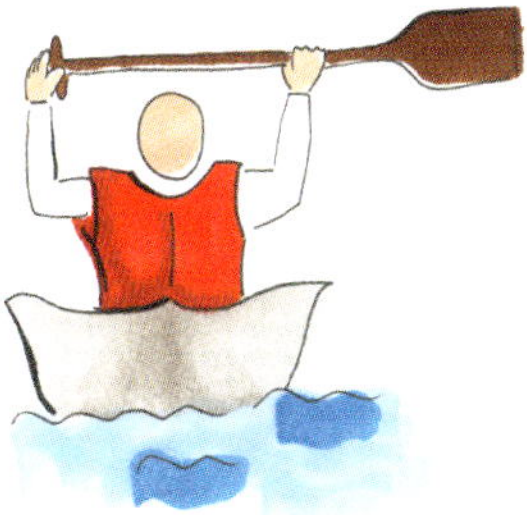

Paddelhaltung

Eine Hand fasst den Paddelknauf, hierbei wird der Griff von oben wie beim Spaten umfasst. Die andere Hand umgreift den Paddelschaft, so dass Ober- und Unterarm einen Winkel von 90 Grad bilden.

Kanadier-Fahrschule

Grund- und Treibschlag

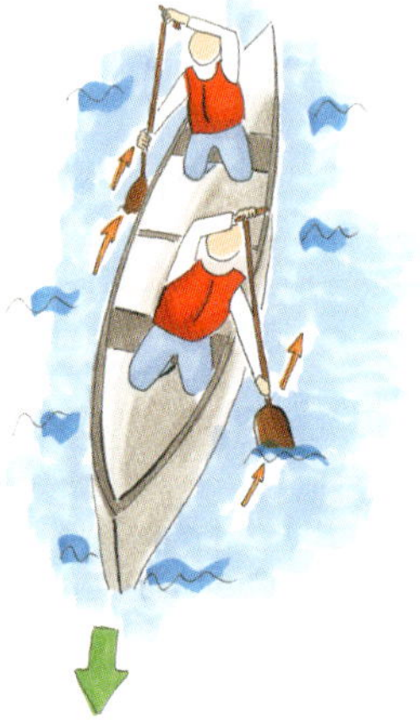

Das ganze Paddelblatt wird senkrecht ins Wasser getaucht und parallel zum Boot (in Bootslängsachse) bis etwa auf Körperhöhe durchs Wasser gezogen. Dabei wird mit dem unteren Arm gezogen, während der obere Arm drückt; gleichzeitig wird der Oberkörper etwas nach vorne geneigt und mitgedreht. Stimmen Vorder- und Hintermann ihren Grundschlag aufeinander ab, bewegt sich der Kanadier kursstabil geradeaus. Paddelt nur einer, bewegt sich das Kanu der paddelabgewandten Seite zu.

Steuern oder J-Schlag (nur Hintermann)

Dabei wird das Paddel zuerst wie beim Grundschlag geführt, am Körper vorbei in einer Bogenbewegung mit der wasserverdrängenden Paddelseite vom Boot weggedrückt. Dabei zeigt der Daumen der Hand am Paddelknauf nach unten und der Handrücken nach außen. Der Vordermann kann weiterhin den Grundschlag ausführen oder die Drehbewegung mit einem Bogenschlag verstärken. Der J-Schlag ist besonders vorteilhaft für Solokanadier, da er das „Aus-dem-Ruder-laufen" bei der normalen Geradeausfahrt verhindert.

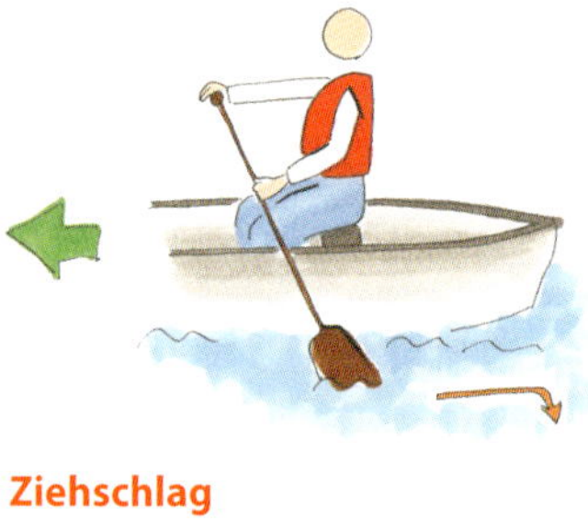

Ziehschlag

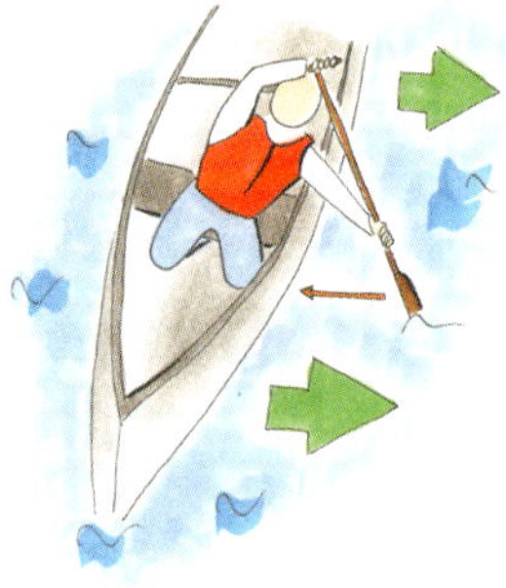

Steuerschlag, um das Boot seitlich zu versetzen; dazu das Paddelblatt möglichst weit entfernt senkrecht zur Längsachse und parallel zum Boot ins Wasser tauchen und, nicht zu dicht, an die Bootswand heranziehen und nach oben aus dem Wasser nehmen. Dabei darauf achten, dass das Paddelblatt nicht unter den Bootskörper gezogen wird, da dies zum Kentern führen kann.

Bogenschlag

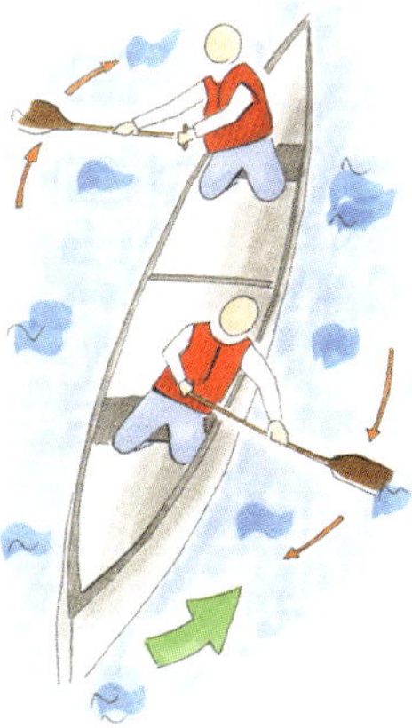

Steuerschlag, um das Boot zu drehen. Um einen Zweierkanadier auf der Stelle zu drehen, führt der Vordermann den Bogenschlag vorwärts und der Hintermann den Bogenschlag rückwärts aus (oder umgekehrt, aber immer gegenläufig). Vorne vorwärts: das Paddel möglichst weit vorne und dicht am Boot eintauchen und das Paddelblatt flach unter der Wasseroberfläche in einem Viertelskreis bis auf Körperhöhe führen. Hinten rückwärts: Beginn nahe am Heck des Bootes und das Paddelblatt von hinten nach vorne im Viertelskreis bis auf Körperhöhe führen. Dies dreht das Boot weg von der Paddelseite des Vordermanns. Zum Drehen zur anderen Seite werden die Schläge genau gegenläufig durchgeführt: vorne rückwärts, hinten vorwärts. Jeweils gilt, je größer der Radius, desto stärker die Steuerwirkung.

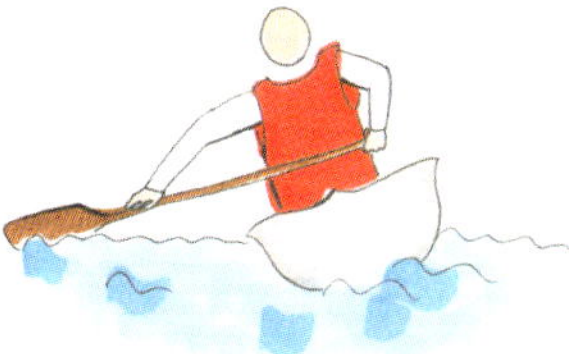

Paddelstütze

Stabilisierungsschlag, bei dem das Paddel als Ausleger genutzt wird, um das Kentern zu verhindern; dazu einfach das Paddel auf der Seite, zu der das Boot zu kippen droht, soweit wie möglich nach außen flach auf das Wasser drücken.

Weiterführende Literatur:

Kanu-Handbuch, *Praxis-Ratgeber,* Verlag Reise Know-How.
Outdoor Basixx „Kanuwandern" & „Solo im Kanu", Conrad Stein Verlag.
Stechpaddel Fahrschule, Thomas Kettler Verlag.

Infos zum für Sie nächstgelegenen Kanukurs bekommen Sie bei:

Bundesverband Kanu e.V., c/o BVWW, Gunther-Plüschow-Str. 8, 50829 Köln, Tel. +49 (0)221 59 57 10, www.bvkanu.de

Deutscher Kanu-Verband e.V., Bertaallee 8, 47055 Duisburg, Tel. +49 (0)203 99 75 90, www.kanu.de

Tipps zum Kanuwandern auf der Loire

Die Loire ist einer der wenigen verbliebenen „Weitwanderflüsse" Westeuropas ohne Wildwasserstrecken, der Gelegenheit für mehrwöchige Gepäcktouren bietet. Sie ist nicht begradigt und Uferdämme begrenzen sie nur in Städten oder entlang naher Uferstraßen. Da nur im Oberlauf reguliert, kann ihr Wasserstand ausgesprochen stark schwanken: Sie kann als mächtiger Fluss schnell und kraftvoll strömen oder sich schmal und flach zwischen Sandbänken hindurchwinden.

Alle Befahrungshinweise müssen vor Ort überprüft werden, denn sie sind sehr abhängig vom Wasserstand. Außerdem können sich in den angegebenen, normalerweise freien Durchfahrten Stämme verfangen haben. Grundsätzlich sind deshalb alle Brückendurchfahrten, auch wenn sie als unkritisch angegeben sind, zumindest vom Kanu aus genau zu begutachten. Die Tourenbeschreibung im Buch versucht die verschiedenen Wasserstände auf der Loire zu berücksichtigen. Die aktuelle Recherchetour fand bei etwa 200 m^3/h statt. Bis zu einem Wasserstand von 500 m^3/h ändern sich Wasserdruck und Strömungsgeschwindigkeit nur wenig, die Loire wird jedoch breiter in ihrem Bett, es gibt weniger Sandbänke etc. Damit auch Paddler mit weniger Erfahrung sicher ihren Weg finden, sind die festen Hindernisse möglichst genau beschrieben.

Allgemein wichtig zu wissen:

Die Handy-Notrufnummer in Frankreich lautet: 112

Die größten Gefahren an der Loire sind:

Hindernisse im Wasser

z.B. Totholz mitten im Fluss oder ins Wasser hängende Bäume / Äste. Da das Wasser solche Hindernisse um- und unterspült, müssen sie immer mit ausreichend Abstand umfahren werden. Grundsätzlich muss der Fluss in Bezug auf solche Hindernisse gut im Blick behalten werden: Knapp überspülte Hindernisse zeigen sich an charakteristischen Wellen kurz hinter dem Hindernis.

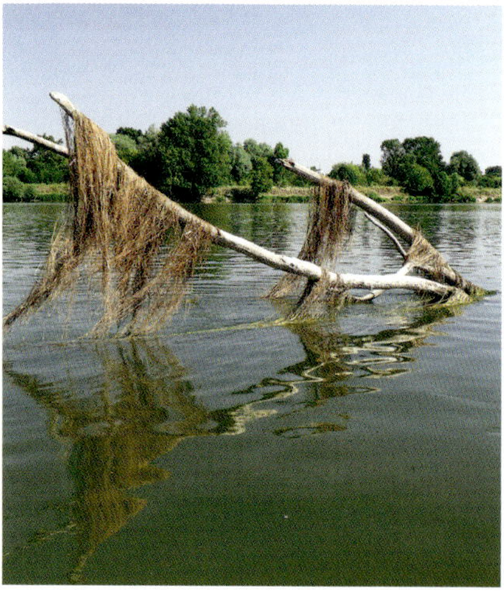

Strömungsgeschwindigkeit
Mit steigendem Wasserstand nimmt die Strömungsgeschwindigkeit zu, diese kann dann unerfahrene Paddler überfordern.

Gegenwind
Im beschriebenen Bereich verläuft die Loire in westlicher Richtung. Wenn starker Wind aus dieser Richtung bläst, kann das Steuern anstrengend und das Vorwärtskommen mühsam werden. An breiten Flusspassagen kommt dann ordentlicher Wellengang auf und es empfiehlt sich, in Ufernähe zu paddeln.

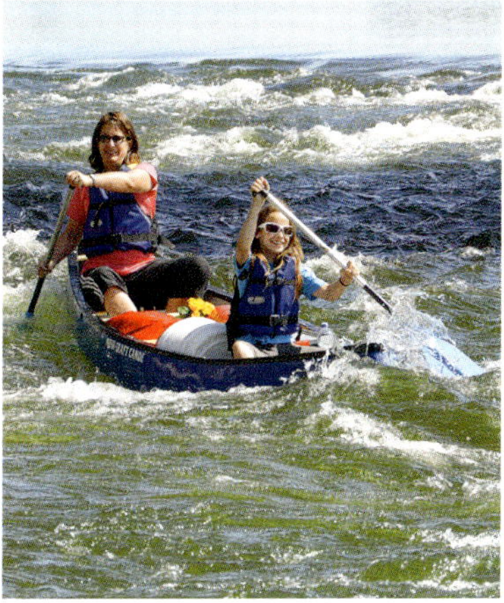

Spritziger Wasserspaß unter der Brücke von Beaugency.

Bei ausgeprägtem Niedrigwasser ist zu berücksichtigen:
Weitläufige Sandbänke und ein weitgehend trockenliegendes Flussbett erschweren die Suche nach einem gut zu paddelnden Flussarm.

Außerdem ist zu beachten:

- Die Loire spült Sand weg, um ihn an anderen Stellen anzuschwemmen. Hierdurch können Stellen mit feinstem ***Schwemmsand*** entstehen, in denen man, ähnlich wie in einem Moor, einsinken kann. Sie entstehen vor allem an den flussabwärts liegenden Enden von Inseln oder Sandbänken. Bei drohendem Versinken flach hinlegen und die Gefahrenstelle kriechend / robbend verlassen.

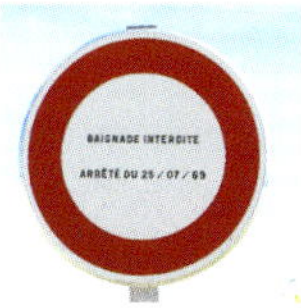

- Bei der Auswahl eines ***Zeltplatzes*** muss man bedenken, dass das Wasser auch bei schönstem Wetter über Nacht bis zu einem Meter steigen kann, z.B. wenn der Stausee von Villerest am Oberlauf Wasser ablässt.
- ***In der gesamten Loire herrscht*** wegen der Strömung sowie des Schwemmsand-Risikos **Badeverbot**. Das hindert allerdings die Besucher am Fluss nicht, das warme Flusswasser ausgiebig zu genießen. Kinder sollten gut beaufsichtigt werden.
- Das Tragen eine ***Schwimmweste*** sollte selbstverständlich sein.
- ***Kinder*** müssen immer eine ***ohnmachtssichere Rettungsweste*** tragen, allerdings haben die französischen Vermieter leider meist nur Westen ohne ohnmachtssicheren Kragen.
- ***Nicht alkoholisiert*** ins Kanu steigen.
- Ein aufgefrischter ***Erste-Hilfe-Kurs*** sollte selbstverständlich sein.

Als „Sicherheitsreserve“ ist es sehr hilfreich die sogenannte ***„Seilfähre“*** zu beherrschen. Sie wird angewendet, um in der Strömung den Fluss zu queren ohne an Höhe zu verlieren, z.B. um noch an einem Hindernis vorbeizukommen oder um eine Aussetzstelle zu erreichen, obwohl man bereits auf gleicher Höhe ist. Beim ***„Seilfähren vorwärts“*** richtet man die Bootspitze in spitzem Winkel gegen die Strömung und paddelt flussaufwärts. Das entgegenkommende Wasser drückt das Boot zur Seite. Mit Hilfe von Vorwärts-, Steuer- und Bogenschlägen korrigiert man einen zu spitzen oder zu stumpfen Winkel und wird mit Hilfe der Strömung in die strömungsabgewandte Richtung geschoben, ohne dabei nennenswert an Höhe zu verlieren. Ebenso kann man die Seilfähre auch rückwärts anwenden. Ausreichend Übung ist dazu allerdings erforderlich.

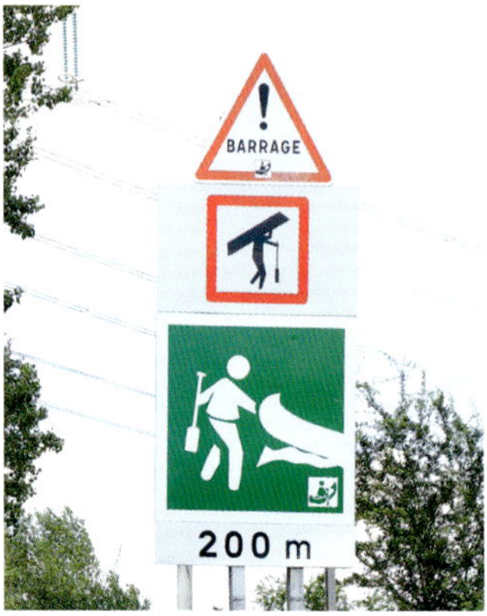

Eine gute Grundlage für Anfänger im Kanadier ist das Buch **STECHPADDEL FAHRSCHULE** aus dem Thomas Kettler Verlag.

Verhalten auf dem Wasser

Die Loire bietet uns Freiheiten, die im dicht besiedelten Westeuropa eine Seltenheit sind. Neben dem Erleben des wunderschönen Flusses und seiner Kulturlandschaft gehört dazu die Möglichkeit, am Fluss zu biwakieren. Diese Freiheit bringt auch viel Verantwortung mit sich, denn nur wenn wir uns angemessen verhalten und den Fluss in seinem Zustand belassen, wird dieses Paddlerparadies weiter existieren.

- Grundsätzlich darf am Fluss für ***eine Nacht gerastet und biwakiert*** werden, ***respektieren*** Sie jedoch unbedingt ***Privatgrundstücke***.
- Nutzen Sie, wo vorhanden, ***Campingplätze*** oder feste Unterkünfte. Die entsprechenden Orte lohnen für eine Besichtigung oder einen Ausflug.
- Reine ***Sand- und Kiesbänke*** sind ***Brutgebiete***, ***meiden*** Sie diese. Die Brutgebiete der Küstenseeschwalbe sind meist mit „Nicht betreten“-Schildern gekennzeichnet, die unbedingt zu respektieren sind.
- ***Beobachten Sie Tiere*** mit dem Fernglas und bleiben Sie zum Schutz der Natur möglichst im Hauptstrom.
- Es ist selbstverständlich, ***alles wieder einzupacken***, was mitgebracht wurde. Insgesamt findet sich sehr wenig ***Müll*** an der Loire. Falls doch irgendwo ein Teil aus Versehen liegengeblieben ist, kann jedem

zugemutet werden, es in seine Mülltüte zu packen und im nächsten Ort mit zu entsorgen.

Beim Biwakieren ist zu beachten:

- Das ***Zelt*** sollte auf Zonen mit gemischter Vegetation (Sand und Wiese) aufgeschlagen werden. Reine Sand- und Kiesbänke sind Vogel-Brutstätten und zu meiden.
- Für den ***Toilettengang*** ist ein ausreichend tiefes Loch in den normalerweise sandigen Untergrund zu graben und anschließend gründlich zu schließen. Möglichst sollten alle Teilnehmer einer Gruppe das gleiche Loch benutzten, etwa so wie früher im Pfadfinderlager – z.B. immer mit einer Schaufel Sand als Zwischenlage –, damit die Sandbänke am Ende der Saison nicht zum Schweizer Käse werden.
- ***Pipi-Papier*** gehört eingepackt! Nichts ist überflüssiger und ekliger als halb aufgelöste Pipi-Papier-Haufen hinter jedem Busch.
- Machen Sie ein ***Lagerfeuer*** nur, wenn es notwendig erscheint. Verwenden Sie nur gesammeltes Totholz und wenn möglich eine vorhandene Feuerstelle. Halten Sie das Feuer klein und löschen Sie es anschließend gründlich.
- ***Lagern Sie Lebensmittel*** und ***Abfälle*** außerhalb des Zeltes in einer verschlossenen Box, um sie z.B. vor Mäusen und Ratten zu schützen bzw. die Tiere vor den Abfällen.

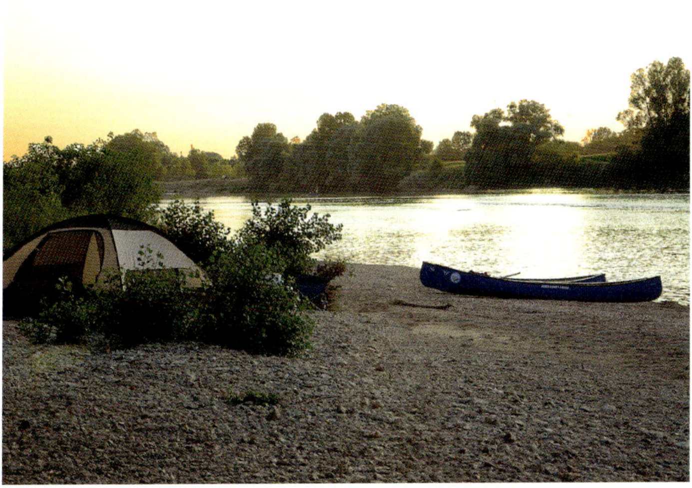

Abendstimmung – die Sonne taucht die Loire in goldene Farben.

Blick auf die Region

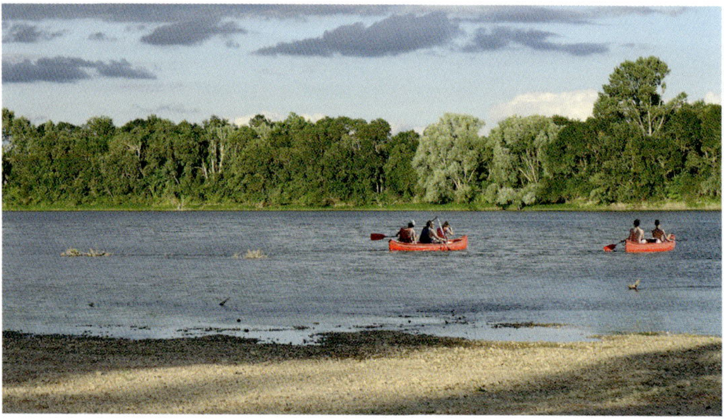

Weite Auwälder begleiten die Kanuten.

Die ***Loire***, deren Name vom lateinischen „Liger" *(„ligérien" – „zur Loire gehörend")* abstammt, ist Frankreichs längster Fluss.

Sie entspringt am ***Mont Gerbier-de-Jonc*** im Südosten des ***Massif Central*** auf 1408 m Höhe, fließt von dort Richtung Norden bis **Orléans** und anschließend Richtung Westen, bis sie bei **Saint-Nazaire** südlich der ***Bretagne*** in den ***Atlantik*** mündet. Auf ihrer Strecke durchströmt sie die bekannten Städte **Roanne, Nevers, Orléans, Tours**, **Saumur**, **Angers** und **Nantes** sowie die Regionen ***Auvergne, Rhône-Alpes, Burgund, Centre*** und ***Pays de la Loire***. Ihr Einzugsgebiet umfasst 117.000 qkm. Ihre mittlere Durchflussmenge beträgt in der Mündung 930 m^3/s, somit sind ihr Einzugsgebiet, Länge und Höhendifferenz mit der Elbe vergleichbar.

Im ***Massif Central***, bis Flusskilometer 723, gilt die Loire als Wildwasserfluss, hier hat sie sich grandiose Schluchten gegraben und bildet drei Stauseen: ***Lapalisse, Grangent*** und zuletzt den ***Lac de Villerest*** vor **Roanne**. Nach Verlassen der Berge wird die Loire zum anfangs sehr einsamen Wanderfluss, der in nordwestliche Richtung fließt. Im Buch **KANU KOMPAKT „Loire 1"** *(Digoin bis Cosne-Cours-sur-Loire)* sind 186 km dieser, durch wilde Uferwälder und Sandbänke gekennzeichneten Strecke, reich an Flussmäandern und Inseln, beschrieben.

Bei **Sully-sur-Loire** beginnt die Weltkulturerbestätte ***„Val de Loire"*** und erstreckt sich auf den folgenden 300 Kilometern entlang des Flusses bis **Chalonnes-sur-Loire**. Diese Auszeichnung wurde im Jahr 2000 vergeben aufgrund der herausragenden kulturellen Landschaft von beeindruckender Schönheit mit ihren historischen Städten und großartigen Schlössern (whc.unesco.org/en/list/933).

Auf der gesamten beschriebenen Strecke durchpaddeln wir das Weltkulturerbe *„Val de Loire"* und können neben der wilden Schönheit des Flusses viele der kulturellen Highlights erleben. Elf der größeren Loire-Schlösser liegen entlang unserer Route, darunter mit **Schloss Chambord** auch das prächtigste. Die **Abtei Fontevraud**, das größte klösterliche Gebäude Europas, ist auf einer Wanderung oder per Bus zu erreichen. Malerische Städte mit typisch französischen Märkten überragen den Fluss. Das durch den Atlantik beeinflusste milde Mikroklima ermöglicht das nördlichste Weinanbaugebiet Frankreichs. Siebzehn Appellationen des Weinanbaugebietes der Region ***Touraine*** säumen den Fluss, vor allem kräftige bis fruchtige Rotweine gedeihen hier. Auf die Besiedlung bereits in der Frühzeit weisen unzählige Dolmen und Menhire hin. Auch die moderne Nutzung bleibt nicht verborgen, denn wir passieren zwei Kernkraftwerke. Am Ende der Tour, ab **Saumur**, beginnt die Nutzung des Flusses durch kleinere Schiffe mit entsprechenden Fahrrinnenmarkierungen.

Parallel zur ***Loire*** verlaufen die unterschiedlichsten Wege. In unserem Abschnitt begleiten einfache Straßen, Fernstraßen und Eisenbahnlinien den Fluss, oft nicht sichtbar aber ufernah. Der ***Radweg „La Loire à Vélo"*** lockt Radfahrer dem gesamten Verlauf zu folgen. Von der Quelle bis zur Mündung ermöglicht zudem der ***Fernwanderweg GR 3*** *(rot-weiße Markierung)* eine Erkundung des Flusses.

So präsentiert sich die beschriebene Region als eine spannende Mischung aus herausragender Kultur, französischem „savoir-vivre" und wilder Flusslandschaft.

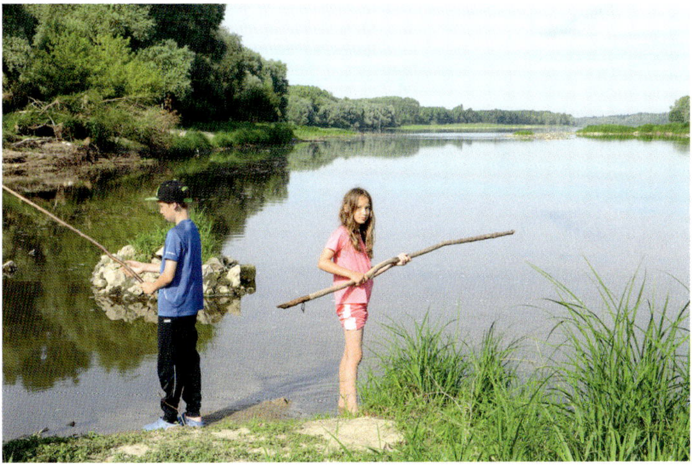

Nachwuchsangler – an der Loire kommt keine Langeweile auf.

Mittelalter bis Renaissance – Festungen und Schlösser

Im ***Tal der Loire*** und an ihren Nebenflüssen befinden sich über 400 Schlossanlagen, mittelalterliche Festungen, königliche Schlösser und prachtvolle Adelssitze der Renaissance.

Manche der Orte, wie z.b. **Amboise**, waren bereits in vorchristlicher Zeit durch befestigte Wehranlagen der Kelten geschützt, die später von den Römern übernommen und ausgebaut wurden. Die Donjons von **Beaugency** und **Langeais**, große viereckige Wehrtürme, stammen aus dem 10. und 11. Jh., der Zeit der ersten gemauerten mittelalterlichen Festungen. Während des Hundertjährigen Krieges von 1337 bis 1453 bildete die ***Loire*** zeitweise die Grenze der von England und Frankreich gehaltenen Gebiete, was zu einem intensiven Ausbau von Festungsanlagen führte. In jene Zeit fällt die Erbauung von **Schloss Saumur**. Viele der meist gotischen Schlösser wurden später erweitert oder umfangreich ausgebaut, wie z.B. **Schloss Amboise**. Nach der Niederlage in der Schlacht von Azincourt im Jahre 1415 floh der Königshof an die ***Loire***. Deshalb und wegen der Schönheit des Tales mit seinem angenehmen Klima weilten viele französische Adlige und Könige im 15. und 16. Jh. an der ***Loire***. Das ***Loire-Tal*** wurde Zentrum der französischen Politik. Viele der heutigen Schlösser entstanden in dieser Zeit.

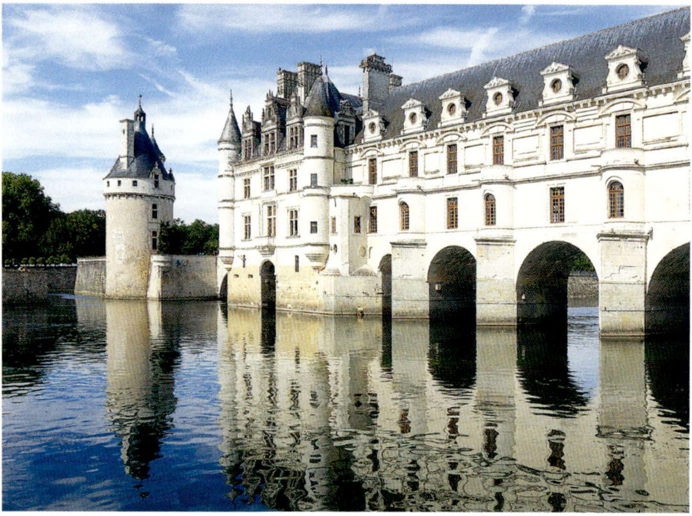

Das Wasserschloss Chenonceau, eines der beliebtesten Loire-Schösser, liegt etwa 14 km südlich von Amboise am Fluss Cher.

Moderne Nutzung – Naturschutz

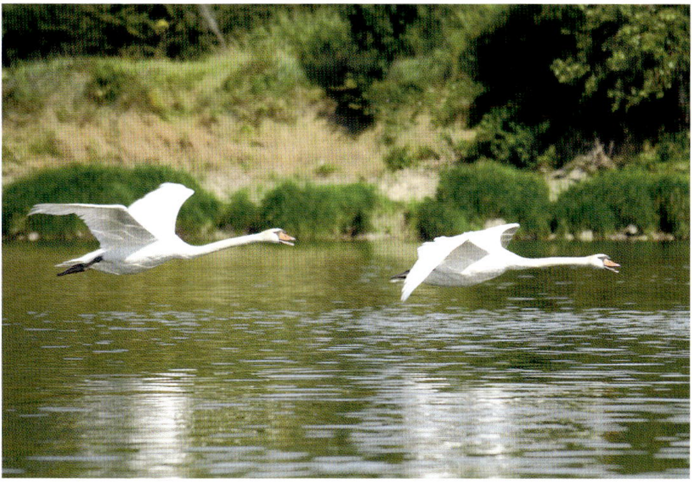

Die Loire ist ein Paradies und Rückzugsort für viele Vögel.

Die ***Loire*** kann zerstörerische Hochwasser mit sich bringen. Deshalb gab es in den 1980er und 90er Jahren Pläne für ein System aus Deichen und Stauwerken zur Regulierung des Flusses. Dies rief massiven Protest verschiedener Umweltschutzorganisationen hervor. Letztlich hatten sie Erfolg – die Pläne wurden aufgegeben und stattdessen 1994 das Projekt *„Plan Loire Grandeur Nature"* ins Leben gerufen. Das Schlüsselprinzip lautete, dem Fluss genug Raum zu geben anstatt ihn einzudeichen. Dazu wurden Brücken verändert, Bauwerke entfernt und im Oberlauf Radarsysteme für bessere Vorhersagen installiert.

Mit diesem Projekt wurde der Beginn eines naturnahen Hochwasserschutzes eingeleitet und die ***Loire*** blieb als einer der letzten wilden Flüsse Europas erhalten. Der Fischreichtum sowie die Auenwälder und Kiesbänke bieten vielen Vogelarten hervorragende Brutbedingungen und auch Zugvögel finden hier ideale Rastplätze. Unter anderem Fluss-Seeschwalbe und die vom Aussterben bedrohte Zwergseeschwalbe nisten auf den Kiesbänken, ihre Eier sind von den Kieseln kaum zu unterscheiden und manche Bereiche sind von Mai bis August deswegen gesperrt und mit roten Schildern markiert. Auch Bienenfresser, Eisvögel und Uferschwalben kommen an der ***Loire*** vor, ebenso Flussregenpfeifer, Triel, Fischadler, Grau- und Seidenreiher und die stark bedrohte Rohrdommel. Zwischen Wasser und Uferwäldern sind Biber und Fischotter heimisch.

Wichtiges zur Tour auf der Loire

Die Flussbeschreibung beginnt aufgrund der guten Anbindung an öffentliche Verkehrsmittel bei **Beaugency** und endet in **Saumur**.

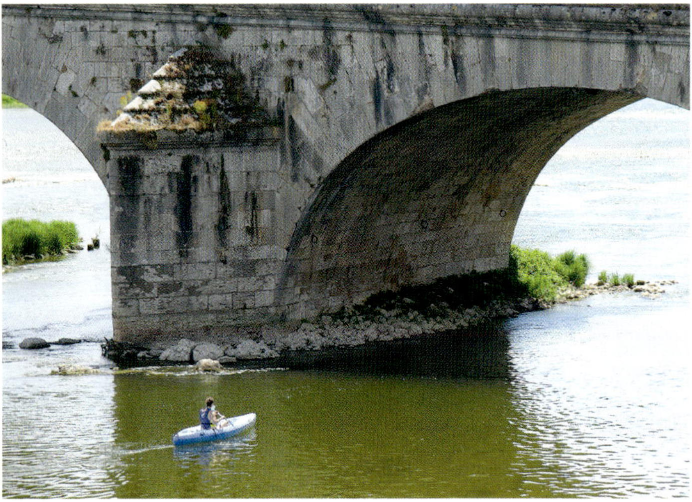

Anfahrt auf die Bogenbrücke von Blois.

Die Breite des Flussbettes beträgt bei der Bogenbrücke von **Beaugency** bereits beeindruckende 400 m und schwankt in der Folge zwischen 150 und 660 m an der Eisenbahnbrücke bei **Saumur**.

Bis zu einem Durchfluss von 500 m^3/s in **Blois** ist die Loire in der Regel auch für Anfänger gut befahrbar. Im Frühjahr oder nach einem Hochwasser sollte man sich bei den Touristinfos oder Kanuvermietern vor Ort zusätzliche Infos über die aktuelle Situation am Fluss besorgen.

Aktuelle Durchflussmengen sind über die offizielle Webseite des französischen Ministeriums für Energie und Umwelt abrufbar: www.vigicrues.gouv.fr – wählen Sie bei *Informations locales* ***„Loire-Cher-Indre"*** und klicken Sie dann auf der Karte der Region auf den Messpunkt ***„Blois (Loire)"***. Unterhalb der Grafik können Sie von ***„Les hauteurs d'eau"*** *(Wasserstände)* auf ***„Les débits"*** *(Durchflussmenge)* umstellen *(nach Auswahl Eingabetaste „enter" drücken oder unten „Refaire le graphique" klicken)*.

Bei höheren Durchflussmengen wird die ***Loire*** zwar kein Wildwasser, aber die Strömungsgeschwindigkeit steigt so an, dass das Steuern eines Kanus Erfahrung benötigt. Die ***Loire*** erreicht bei Normalwasser eine mittlere Fließgeschwindigkeit von 3–5 km/h.

Grundsätzlich ist für eine Fahrt mit dem Kanu immer genug Wasser auf der ***Loire***. Für ***Faltboote*** ist sie nur begrenzt zu empfehlen, da sie im beschriebenen Bereich immer wieder sehr flache, teils felsige Stellen aufweisen kann.
Bei der Planung einer ***Familientour*** sollte etwas ***Outdoor- und Paddelerfahrung*** vorhanden sein. Beim ***Mieten*** eines Kanus muss insbesondere bei kürzeren Touren berücksichtigt werden, dass die Vermieter die Boote nur einmal umsetzen wollen, die Tour also bei einem der Vermieter startet oder endet. ***Paddel*** und ***Sicherheitswesten*** gehören in der Regel zur Miete dazu, ***Bootswagen*** und ***Leinen*** zum Treideln aber nicht unbedingt.

Die im Text genannten ***Rastplätze*** R sind eine kleine Auswahl der Plätze am Fluss mit ebenem Untergrund und schattigen Bäumen. Wenn nicht anders angegeben, verfügen sie über keinerlei Ausstattung, auch keine Bänke. ***Picknickplätze*** dagegen verfügen über Tisch und Bänke.

Kilometrierung

Um Ihnen die Nutzung der Wasserwanderkarten und der Beschreibung der Tour in diesem Buch zu erleichtern, finden Sie sowohl auf der Karte als auch im Textteil in der Randspalte ***Kilometerangaben*** in ***blau***.

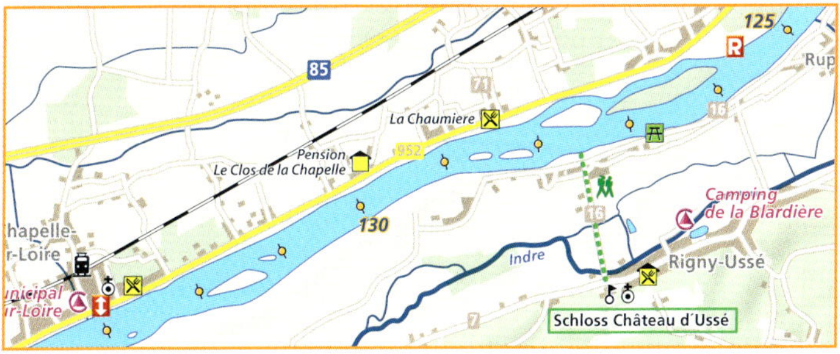

Sie können die Entfernungen auch leicht in den Karten ablesen: Die Strecke von einem gelben Punkt zum nächsten entspricht **1 km**. Alle fünf Kilometer sind die Kilometerzahlen ausgeschrieben.
Die Kilometrierung haben wir anhand genutzter Karten sowie GPS-Daten der Autorin erstellt. Es handelt sich **nicht** um eine amtliche Kilometrierung und ist bei uns ***blau*** dargestellt.
In der Marginalienspalte (Randspalte) finden Sie zusätzlich, um die Vergleichbarkeit mit anderen Beschreibungen zu ermöglichen, neben den ***blauen „gepaddelten" Kilometern*** in ***schwarz*** die ***Kilometrierung*** des Flusses, die bei ***km 0*** an der Mündung in den Atlantik beginnt.
Wir starten in **Beaugency** bei ***km 0 / 347,2***.

Infos zur Tour auf der Loire

Aktivitäten	Natur	Kultur	Baden	Hindernisse
★★★	★★★	★★★★	★★★	★★

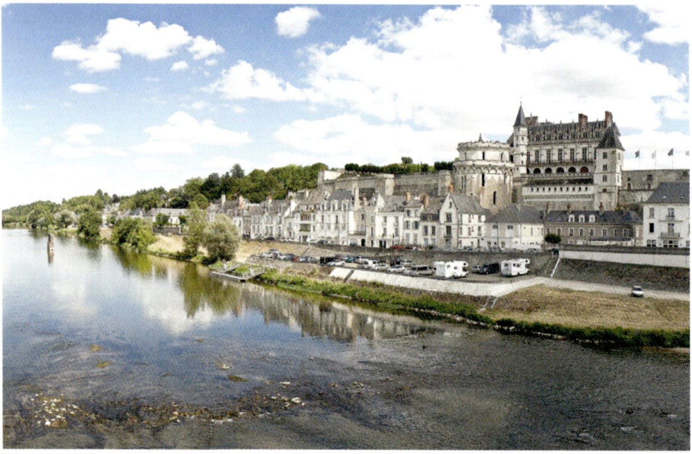

Charakter der Tour

Die ***Loire*** ist ein frei fließendes Gewässer, dessen Flussbett sich mit dem Wasserstand ändert und im Sommer flache Passagen und Sandbänke aufweist. Einige Brückendurchfahrten, Totholz im Wasser und Gegenwind können den Paddler fordern. Der Fluss passiert im beschriebenen Bereich regelmäßig kleinere und größere Orte. Trotzdem ist, wenn nicht biwakiert werden soll, eine Planung der Unterkünfte nötig, denn ihre Anzahl in direkter Flussnähe ist begrenzt und zumindest feste Unterkünfte sollten reserviert werden. Im beschriebenen Bereich weist die Loire sehr viele kulturelle Sehenswürdigkeiten auf.

Wehre

Während der Tour passieren wir mehrere Bogenbrücken, die in der Regel nach Besichtigung befahrbar sind. Entgegen anderen Beschreibungen ist auch die Pont Wilson in **Tours** nach Besichtigung normalerweise befahrbar. Das ehemalige Wehr des **Lac de Loire** ist befahrbar. Einzige zwingende Umtragung ist das Wehr der Centrale Nucléaire de Saint Laurent des Eaux (km 7,4). Die 200 m lange Umtragestrecke ist ausgewiesen.

Sehenswürdigkeiten

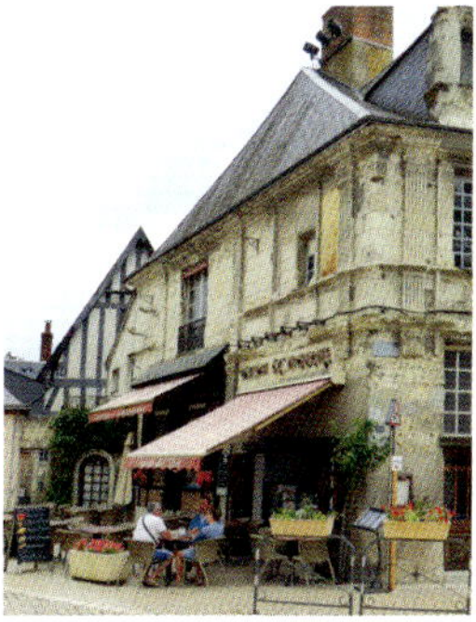

Beaugency: siehe **Blick auf** Seite 35.
Chambord: ***Schloss Chambord***, größtes und prächtigstes Schloss der Loire-Region.
Blois: siehe **Blick auf** Seite 46.
Chaumont-sur-Loire: *Schloss Chaumont.*
Amboise: siehe **Blick auf** Seite 57.
Tours: siehe **Blick auf** Seite 67.
Luynes: ***Schloss Luynes***, Reste eines römischen ***Aquädukts*** (2. Jh.), ***Markthalle*** (15. Jh.), ***Kirche Sainte-Geneviève*** (1874).
Villandry: ***Gärten und Schloss, Pfarrkirche Saint-Étienne*** *(Foto links unten)*.
Langeais *(Foto rechts oben)*: mittelalterliches ***Schloss Langeais*** mit ältestem ***Wohnturm*** Frankreichs, romanische ***Kirche Saint-Laurent*** (11./12. Jh.), ***Pfarrkirche Saint-Jean-Baptiste***, ***Hängebrücke*** (1846–49, nach Zerstörung im Zweiten Weltkrieg in den 1950er Jahren wieder aufgebaut).

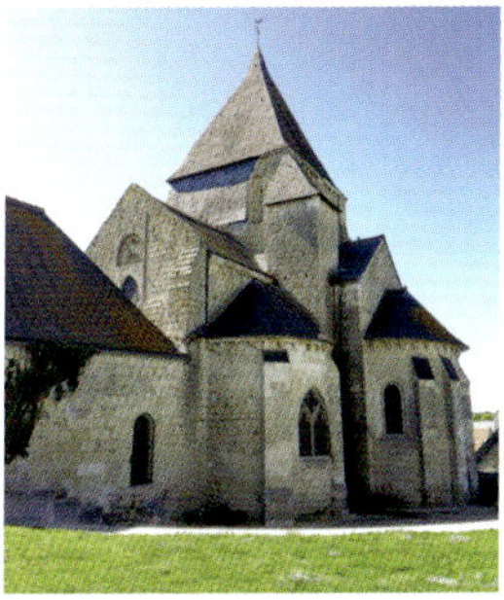

Rigny-Ussé: „Märchen"-***Schloss Ussé***, Kirche ***Notre-Dame in Rigny*** (11./12. Jh).
Candes-Saint-Martin: Wallfahrtskirche *Saint-Martin* (12./13. Jh) siehe Seite 84.
Fontevraud: königliche ***Abtei Fontevraud***, eine der größten Abteien Europas.
Montsoreau: ***Schloss Montsoreau***, ***Tuffsteinhöhlen*** und ***Höhlenwohnungen.***
Turquant: ***Kirche Saint-Aubin***, ***Tuffsteinhöhlen, Lehrpfad*** durch den Ort.
Saumur: siehe **Blick auf** Seite 92.

Sonstige Aktivitäten:

Paddeln
Auf ***Beuvron***, ***Cher*** (zum ***Wasserschloss Chenonceau*** – beeindruckende Fotomotive!), ***Indre***, ***Creuse*** und ***Vienne***.

Radfahren
In mehreren Orten gibt es Fahrradvermieter, die, ebenso wie die Tourist-Informationen, Vorschläge für Halbtages- und Tagestouren bereithalten.
Achtung: Warnweste bei schlechter Sicht ist Pflicht!

Wandern
Die Tourist-Informationen bieten reichlich Informationen zu **Spaziergängen** und **Wanderungen**.

Schwimmen

Im Fluss offiziell **verboten**. In einigen Orten gibt es Freibäder, auf einigen Campingplätzen Pools.

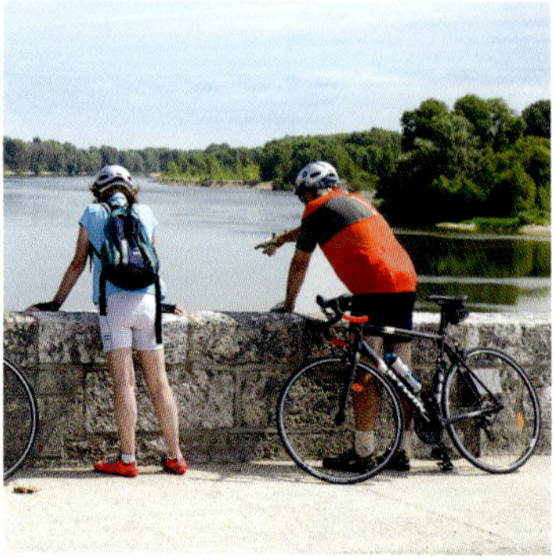

Angeln

Zum Angeln benötigt man keinen Fischereischein, aber eine **Angelerlaubnis, „Carte de pêche",** die als Tages- oder Wochenkarte erteilt wird und in Angelshops, Tabakgeschäften oder Tourist-Infos zu erwerben ist.

Golf

In **Saumur**, im Stadtteil St. Hilaire westlich des Zentrums, befindet sich ein 9-Loch-Golfplatz.

Weinverkostung

Die Strecke verläuft mitten durch ein großes Weinanbaugebiet. Flussnahe Kellereien sind im Text genannt.

Ballonfahrten

Bei schönem Wetter steigen u.a. in **Amboise** und **Blois** morgens und abends oft mehrere Ballons über dem ***Loire-Tal*** auf.

Segway

Stadterkundung in **Blois** im Sommer jeden Donnerstag um 18.30 Uhr, weitere Infos bei der Tourist-Info.

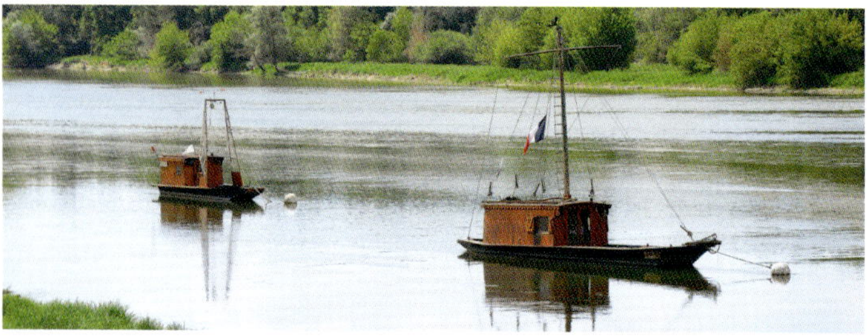

Bootsfahrten auf traditionellen Booten

Kurze Ausfahrten oder gar ein Hausbooturlaub in einem „Toue Cabanée".

Feste

Der 14. Juli als Nationalfeiertag wird in fast allen Orten als ausgiebiges Fest mit Feuerwerk begangen.

Anreise

Die Anreise mit der **Bahn** nach **Beaugency** erfordert in der Regel Umsteigen in Paris und Orléans (www.bahn.de).
Mit dem **Auto** führt die Route aus Norddeutschland über Paris und Orléans. Aus Süddeutschland über Dijon oder Troyes und Orléans nach **Beaugency**. Aus Österreich über München, Stuttgart, Straßburg, Nancy, Troyes. Aus der Schweiz über Basel, Mühlhausen, Besançon und Orleans.

Einsetzstelle

In **Beaugency** 100 m oberhalb der Bogenbrücke am rechten Ufer.
(47°46'41,1" N – 1°38'10,6" O)

Aussetzstelle

In **Saumur** 800 m hinter der Bogenbrücke rechts.
(47°16'08,4" N – 0°04'54,7" W)

Zurück zum PKW

In allen größeren Orten entlang der beschriebenen Strecke, mit Ausnahme von **Montsoreau**, gibt es Bahnhöfe (siehe auch Etappenvorschläge). Die Zugverbindung verläuft weitgehend auf der rechten Flussseite, nur im Bereich von **Tours** wechselt sie nach links. Zwischen **Saumur** und **Beaugency** gibt es täglich mehrere Direktverbindungen und Verbindungen mit Umstieg in **Tours** bzw. Saint-Pierre-des-Corps (Stadtteil von Tours), die Fahrtdauer beträgt etwa 1,5 bis 2,5 Stunden.

Informationen und genaue Abfahrts-/Ankunftszeiten: www.db.de, www.ter.sncf.com *(franz.)*

Bei **Montsoreau** verläuft die Bahnlinie rechts ein stückweit im Landesinneren. Hier empfiehlt sich die Busverbindung nach **Saumur** (Agglobus Linie 01, www.agglobus.fr).

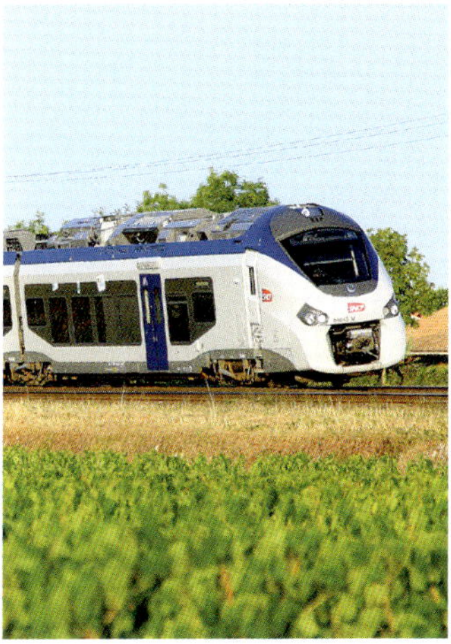

Literaturhinweise

DKV-Auslandsführer Band 6 Nordfrankreich / Beneluja, Verlag Deutscher Kanu Verband.
Loire-Radweg: Von Nevers zum Atlantik, bikeline Verlag.
De l'Anjou au Pays nantais à pied: Chemins des mariniers de la Loire, *31 promenades et randonnées / 31 Wanderungen am westl. Ufer der Loire,* Federation Francaise de la Randonnee Pedestre (franz. Wanderverein).
La Loire vue du fleuve : Guide de randonnée nautique, Jean-François Souchard, Le Canotier éditions (Kanutourenführer auf französisch).
DuMont Reise-Taschenbuch Reiseführer Tal der Loire, Irene Martschukat, Dumont Reiseverlag.
Schlösser im Loiretal, Jean-Marie Pérouse de Montclos, h.f.ullmann publishing.
Tal der Loire mit Chartres, Cony Ziegler, Iwanowski Verlag.
Mit dem Wohnmobil durchs Loiretal und nach Paris, Hubert & Gudrun Kügler, Verlag Womo.
Schlemmerlexikon für Gourmets – Wörterbuch Französisch-Deutsch, Peter W. L. Weber, *Kauderwelsch Buch,* Reise Know-How Verlag.
Die Loire – des Lebens ganze Süße: Ein Reisebuch für Weinliebhaber und Genießer feiner Speisen, Leo Linder, Daedalus Verlag.
Maîtressen und andere Leidenschaften, Karin Ulrike Peter, Studia Universitätsverlag.
Die Engel der Loire, Juliette Barret, Kindle Edition.
Eine Frage von Glück oder Zufall, Dominique Barbéris, dtv Verlagsgesellschaft.

Etappenvorschläge

Die Gestaltung von Tagesetappen orientiert sich meist an den flussnahen Unterkünften sowie touristisch interessanten Orten, u.a. den Schlössern. Die Unterkünfte sind in der Regel nicht am Fluss beschildert, oft vom Fluss aus nicht sichtbar und manchmal mehrere hundert Meter vom Fluss entfernt. Deswegen sind Ausstiege und Zuwege in der Tourenbeschreibung einzeln beschrieben, größere Entfernungen zum Fluss sind in Klammern angegeben.
Als feste Unterkünfte stehen Hotels oder Pensionen mit Frühstück, „Chambres d'Hôtes", zur Verfügung, sie sollten auch außerhalb der Hauptsaison reserviert werden. Besonders für Kinder ist eine Übernachtung in einer Höhlenwohnung, einer „maison troglodyte", ein Erlebnis! Manche Campingplätze bieten feste Zelte oder Mobilheime zur Miete an, letztere aber oft für mindestens zwei Nächte, im Juli und August meist nur wochenweise.

An der ***Loire*** darf grundsätzlich auch wild gezeltet werden, wenn eine geeignete Unterkunft nicht erreicht wird. Bitte berücksichtigen Sie das Kapitel „Verhalten auf dem Wasser".

km	Ort	Campingplatz	Hotel/Pension	Bahnhof (Flussseite)
0	Beaugency	X	X	X (re)
12,8	Nouan-sur-Loire	X	-	
15,6	Muides-sur-Loire	X	X (>100 €)	
19,3	St.-Dyé-sur-Loire	-	X	
30,1	Lac de Loire	X	-	
33,7	Blois	-	- (s. Text)	X (re)
43,3	Chouzy-sur-Cisse	-	-	X (re)
49,8	Chaumont-sur-Loire	X	X	X (re, Onzain)
55,7	Veuves	-	-	X (re)
58,2	Mosnes	X	-	
64,2	Chargé	X	-	
67,9	Amboise	X	X	X (re)
81,9	Montlouis-sur-Loire	X	-	X (li)
84,5	Vouvray	X	X	
86,4	Rochecorbon	-	X	
92,1	Tours	-	- (s. Text)	X (li)
107,7	Cinq-Mars-la-Pilé	-	X	
116,2	Langais	-	-	X (re)
120,8	Bréhémont	- (900 m entf.)	X	
133,0	La Chapelle-sur-Loire	X (Kiesplatz)	X, 3 km vorher	X (re)
140,6	Chouzé-sur-Loire	X	X	
145,7	Candes-Saint-Martin	X	X	
146,6	Montsoreau	X	X	
148,9	Varennes-sur-Loire	-	X	
158,2	Saumur	X	X	X (re)

Die Tabelle zeigt, dass Paddeln mit Unterkunft im Zelt bis **Vouvray** vor **Tours** kein Problem ist, nach **Tours** jedoch mindestens eine Nacht im Biwak an der ***Loire*** erfordert. In den genannten Orten ist teilweise nur ein Hotel / Pension in Flussnähe vorhanden, so dass vorher geklärt werden sollte, ob Zimmer frei sind. Bei festen Unterkünften müssen die Kanus oft am Fluss verbleiben, z.B. wegen der Uferböschung oder mangelndem Lagerplatz, was jedoch mit Ausnahme der größeren Städte kein Problem zu sein scheint.

Mögliche Etappenvorschläge mit Angabe der Unterkunft sowie Besichtigungsmöglichkeiten am Ende der Tagesetappe (km = Länge der Etappe):

	Etappe	Besichtigung	km	C	C*	H	P
1	Beaugency – Muides-sur-Loire	Beaugency	15,6	X	-	-	X
2	Muides-sur-Loire – Lac de Loire	Schloss Chambord (Fahrradvermietung geplant)	14,5	X	-	-	-
3	Lac de Loire – Chaumont-sur-Loire	Blois, Schloss Chaumont	19,7	-	X	X	X
4	Chaumont-sur-Loire – Amboise	Amboise	18,1	X	-	X	X
5	Amboise – Montlouis-sur-Loire oder Vouvray (P)	Weinprobe	14,0/ 16,6	-	X	-	X
6	Montlouis-sur-Loire oder Vouvray – Cinq-Mars-la-Pilé	Durchfahrung von Tours	25,8/ 23,2	-	-	-	X
7	Cinq-Mars-la-Pilé (P) – Bréhémont (H)	Schloss Langeais	13,1	-	-	-	X
8	Bréhémont – Chouzy-sur-Loire	Schloss Ussé	19,8	X	-	-	X
9	Chouzy-sur-Loire – Saumur	Kirche Saint-Martin, Turquant, Saumur	17,6	-	X	X	-

C=Camping, C*= mit Mobilheim (in der Saison Vermietung meist pro Woche!), H=Hotel, P=Pension

Wer nicht zelten möchte, kann am ersten Tag bis **St.-Dyé-sur-Loire** paddeln (19,3 km) und am folgenden Tag 30 km bis **Blois**, was allerdings nur bei gutem Wetter ohne Gegenwind und mit etwas Kanuerfahrung Spass macht. Wer nach der Durchfahrung von **Tours** ein oder zwei Nächte am Fluss biwakiert, kann die Tagesetappen seinen persönlichen Wünschen und Möglichkeiten anpassen.
Wer Wert auf die Besichtigung von **Schloss Chambord** legt, sollte eine Nacht in der Pension St. Dyé bleiben und dort Fahrräder mieten. Die Königliche **Abtei Fontevraud** lässt sich bei einem Stopp in **Candes-Saint-Martin** oder **Montsoreau** besichtigen.

Kürzere Etappen sollten wegen der Pont Wilson sowie mangelnden Unterkunftsmöglichkeiten die Durchfahrung von **Tours** aussparen. Startet man oberhalb von **Tours**, so weist die Strecke genug Campingplätze auf

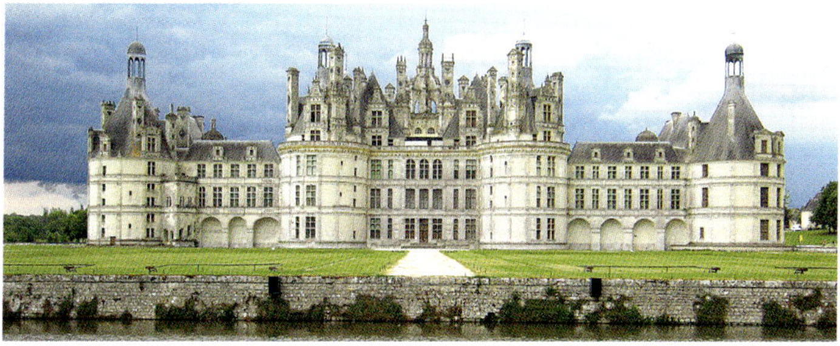

Schloss Chambord, das prächtigste und größte der Loireschlösser, nur 7 km vom Fluss entfernt.

und längere einsame Passagen. Die Strecke unterhalb von **Tours** bietet mehr Hotels / Pensionen und noch mehr Besichtigungsmöglichkeiten entlang der Strecke, erfordert allerdings zumindest im ersten Abschnitt nach **Tours** ein Biwak. Mögliche kürzere Touren wären:

Dauer	Tour	Besichtigung
4 Tage	Beaugency – Amboise	Beaugency, Schloss Chaumont, Amboise
5 Tage	Beaugency – Montlouis sur Loire	Wie oben und Weinverkostung in Montlouis
3 Tage	Langeais – Saumur mit Stop in Candes-St.-Martin	Schloss Langeais, Schloss Ussé, Kirche Saint-Martin, Saumur

Wer nicht per Bahn zum Pkw zurück muss *(z.B. mit zwei Pkws unterwegs ist)*, ist in der Tourenplanung etwas freier. Die Vermieter haben meist definierte Ein- und Aussetzstellen, die wichtigsten sind im Buch beschrieben.

Länge der Tour

Die beschriebene Tour ist **158 km** lang.
In der Beschreibung dieser Tour werden sowohl die ***gefahrenen Kilometer*** in ***blau*** angegeben, beginnend bei ***km 0*** an der Brücke der D 925 in **Beaugency**, als auch in ***schwarz*** die ***Kilometrierung*** des Flusses, die an der Mündung in den Atlantik mit km 0 beginnt, um Vergleichbarkeit mit anderen Beschreibungen zu ermöglichen.

Dauer

Zu der vorgeschlagenen 9-tägigen Paddeltour können noch Ruhe- oder Schlechtwettertage sowie Besichtigungstage eingeplant werden, so dass eine Befahrung der gesamten Strecke auch gut 2 Wochen dauern kann.

Die Loire von Beaugency nach Saumur

km 0/347,2

Hotel* Restaurant Grand Hôtel de l'Abbaye**
+33 (0)2 38 45 10 10

Camping municipale Val de Flux
+33 (0)2 38 44 50 39

Spar-Markt
Di–Fr 8–12.30
15–19.30
Sa 7.30–19.30
So 8.30–12.30

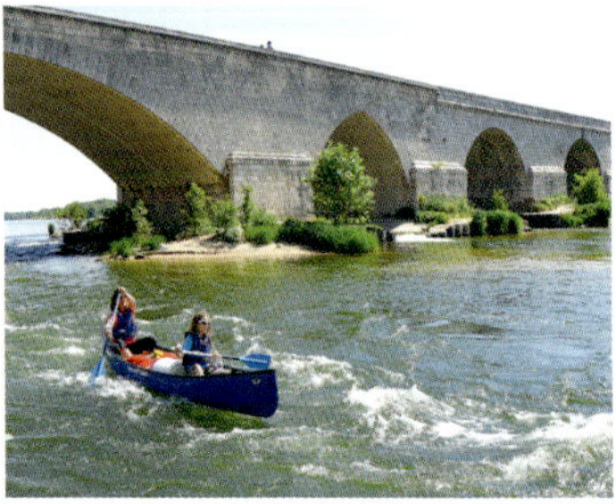

Für unsere Tour liegt **Beaugency** am Nord-West-Ufer mit seinem Bahnhof günstig angebunden. Das hübsche Städtchen mit vielen historischen Bauten, blumengeschmückten Wasserkanälen und gemütlichen *Restaurants* lohnt zudem einen Besuch. Ein *Hotel* befindet sich direkt am Fluss unterhalb der markanten Bogenbrücke im Ort. Der *städtische Campingplatz* liegt oberhalb der Brücke auf der Flussseite gegenüber, trotz des Hochufers ist ein Einstieg an mehreren Stellen gut möglich.
Wer über zwei Autos verfügt oder sein Kanu bei einem der Anbieter mietet, kann auch 11 km weiter in **Le Cavereau** einsetzen und spart sich damit die Umtragung am ***AKW Saint Laurent des Eaux***.

47°46'41,1"N–1°38'10,6"O

Der beste *Einstieg* für die Tour befindet sich etwa 100 m oberhalb der Bogenbrücke. Auf den Parkplätzen am Fluss darf derzeit kostenlos geparkt werden, allerdings sollte bei der Polizei oder der Tourist-Info Bescheid gesagt werden, wenn das Auto mehrere Tage stehen bleibt.

?? Brücke
Durchfahrt unbedingt vorher anschauen

Die *Brücke* ist im rechten Joch befahrbar ***(unbedingt vorher anschauen)***, aber aufpassen, dass man nicht zu nah an die von rechts etwas vorspringenden Spundwände des Brückenpfostens paddelt.
Mittig ist die Brücke durch mehrere Inseln blockiert, links steht vor der Brücke eine Pfostenreihe quer im Fluss, außerdem wird das Flussbett hinter der Brücke sehr flach. Einbooten ist auch unterhalb der Brücke möglich, jedoch aufgrund der gemauerten Uferbefestigung erst etwa 150 m flussabwärts.

Le Club Loisirs Eaux Vives
+33 (0)6 75 96 16 43

Im Juli und August werden auf dem großen Platz direkt oberhalb der Brücke PE-Kanus vermietet für Halbtages- und Tagestouren, die nur flussaufwärts starten und bei **Beaugency** enden.

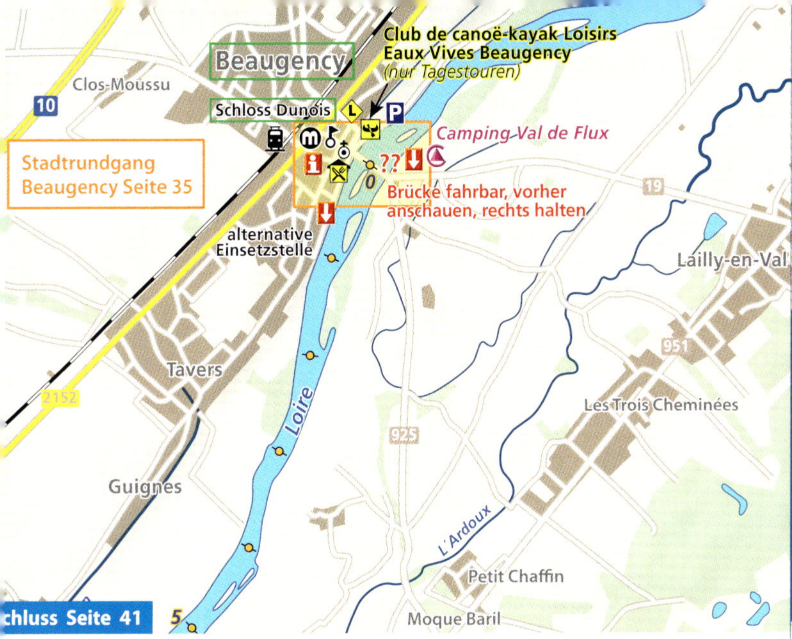

Blick auf Beaugency

Das 7500 Einwohner zählende Beaugency ist ein hübsches Städtchen und reich an historischen Bauwerken. Im 12. Jh. wurde es erstmals als Sitz der Grafen von Blois urkundlich erwähnt. Wegen der Schifffahrt und des Handels war Beaugency bis zum Bau der Eisenbahn Mitte des 19. Jh. eine wichtige Handelsstadt. Im Hundertjährigen Krieg zwischen England und Frankreich wurde es 1429 von französischen Truppen unter Führung von Jeanne d'Arc endgültig aus englischer Herrschaft befreit.

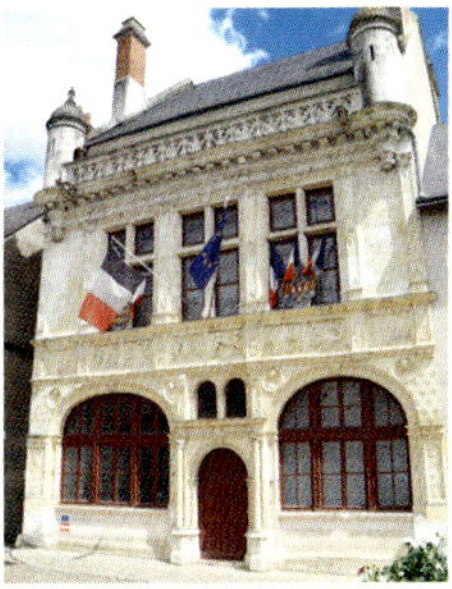

Zur Brücke von Beaugency wird die Legende erzählt, dass der Teufel die Brücke erbaute und dafür die erste Seele forderte, welche die Brücke betreten würde. Aber die Menschen von Beaugency waren einfallsreich, sie warfen eine große Katze auf die Brücke, die sich anschließend sogar mit drei großen Sprüngen ans andere Ufer retten konnte. In seiner Wut wollte der Teufel die Brücke zerstören, hatte sie aber so stabil gebaut, dass sie seinem Angriff standhielt.

Auf der Brücke ergab sich im Zweiten Weltkrieg der deutsche General Elster mit insgesamt 19.704 Männern am 16.09.1944 den US-Truppen.

Mi + Sa findet in Beaugency ein normaler und ein historischer Markt statt.

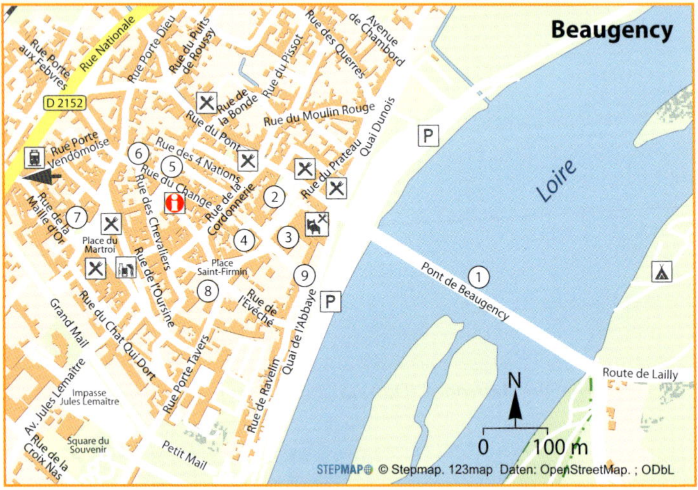

(1) ***Über 400 Meter lange Bogenbrücke (12. Jh.) mit 23 Bögen***. Mehrfach bei Hochwässern beschädigt. Im Mittelalter mussten Reisende hier Zoll bezahlen. Unter dem dritten Bogen von rechts befand sich eine Kapelle für Pilger.

(2) ***Château Dunois.*** Die typisch herrschaftliche Residenz des 15. Jh. wurde von einem Mitkämpfer Jeanne d'Arcs auf den Überresten einer mittelalterlichen Festung erbaut. Beherbergt ein Regionalmuseum.

(3) ***Kirche Notre-Dame (11. Jh.).*** Im 16. Jh. erneuert, gotische Rippengewölbe.

(4) ***Tour César (Donjon, aus dem 11. Jh.),*** einer der letzten romanischen Wehrtürme. Mauerstärke am Sockel 4 m, an der Spitze 2,50 m. Im 16. Jh. mit Renaissance-Fenstern zu Wohnzwecken umgebaut. Besichtigung nach Absprache mit Touristinfo möglich.

(5) ***Hôtel de Ville (Kalksteinbau 16. Jh.).*** Fassade vereinigt mittelalterliche Formen mit Dekor der ital. und franz. Renaissance. Zu sehen ist ein Salamander, Symbol von König Francois I., Erbauer von Schloss Chambord.

(6) ***Tour d'Horloge.*** Stadttor, diente bis 1526 als Gefängnis, seit 1511 trägt der Turm die städtische Uhr.

(7) ***Eglise Saint-Etienne (einschiffige Kirche, 11. Jh.).*** Eine der ältesten Kirchen im Loiretal.

(8) ***Clocher St. Firmin.*** Uhrenturm aus dem 16. Jh.

(9) ***Tour du Diable.*** Teil der mittelalterlichen Stadtbefestigung.

Beaugency Tourist Information Centre, 3 Doctor Hyvernaud Square, 45190 Beaugency, Tel. +33 (0)2 38 44 54 42, www.tourisme-beaugency.fr

Von **Beaugency** aus erstreckt sich die ***Loire*** mit ihren meist baumbestandenen Ufern weit vor uns und so paddeln wir ein ganzes Stück, bis die zwei Wasserdampfwolken ausstoßenden Kühltürme des *Kernkraftwerks „Saint Laurent des Eaux"* sichtbar werden. Nach gut 5 km weist links das erste Hinweisschild auf die in 2 km bevorstehende Umtragung hin. Wenige hundert Meter später erscheint rechts ein Ausstiegsschild der Kanu-Vermieter, das verwirrend wirkt, wir müssen hier nicht ausbooten.

km 7,4/339,8
47°43'41,7"N–1°35'09,4"O
Damm X

Die tatsächliche *Ausstiegsstelle* befindet sich auf der rechten Seite etwa 100 m vor dem Damm. Hier sind wir fast auf Höhe des AKW direkt unter der den Fluss überspannenden Stromtrasse und bei dem über den Fluss gespannten Schild ***„barrage"*** *(Damm)*. Die beschilderte Rampe ist erst spät zu sehen, denn sie befindet sich in einer kleinen Ausbuchtung.

Umtragung
200 m, Bootswagen hilfreich

Der Damm dient der beständigen Bereitstellung von Kühlwasser für das AKW und ist etwa zwei Meter hoch. Die Besichtigung des Kernkraftwerkes ist möglich und kostenfrei, eine Voranmeldung (Centrale Nucléaire de Saint Laurent des Eaux, Tel. +33 (0)2 54 45 84 11) notwendig.

AKW
Saint Laurent des Eaux

Für die *Umtragung* steigen wir an der abgebrochenen kleinen Betonrampe aus und gehen auf dem inzwischen etwas aufgerissenen Betonpfad 200 m flussab zur Einsetzstelle. Ein Bootswagen ist hier sehr hilfreich!

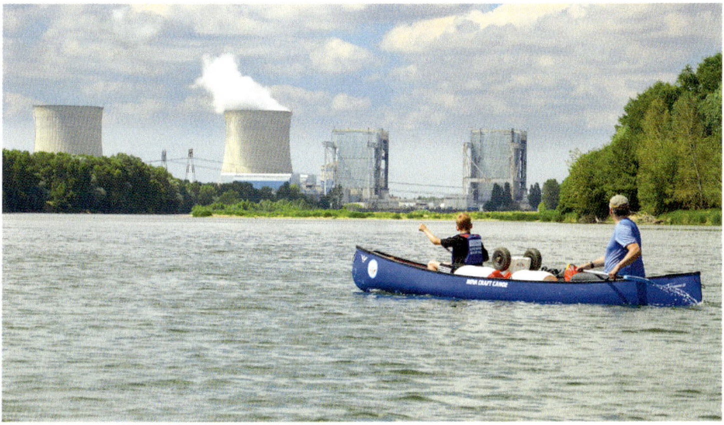

Vor uns erhebt sich riesig das AKW – dort muss umtragen werden.

Direkt nach dem *Wiedereinsetzen* ist der Fluss anfangs flach, hier befindet sich die beste Fahrrinne in der Regel zuerst für weitere 80 m rechts und dann Richtung Flussmitte. Wir umpaddeln das Kraftwerksgelände in einem großen Linksbogen und tauchen wieder in wilde Natur ein.

47°42'25,2"N–1°34'39,3"O Rechts an der Insel in der folgenden Rechtskehre vorbei, erreichen wir nach etwa 400 m einen schönen, ebenen Rastplatz auf der Insel etwas oberhalb des Flusses. Am Ende der Insel sehen wir links den Ort **Le Cavereau** mit seinen alten, im Jahre 2000 restaurierten Hafenanlagen.

Die auf ***Le Cavereau*** *flussaufwärts folgende enge doppelte Flusskehre wurde zu Zeiten der Schifffahrt von den Schiffern* ***„Le Grand Jeanne"*** *genannt. Ohne günstigen Wind war die Befahrung flussauf Richtung Orleans unmöglich. Flussab kenterten viele Schiffe bei Hochwasser in den Kehren. Um 1820 erteilte man die Erlaubnis zum Bau eines Hafen, u.a. zum Lagern von Gütern und Reparieren von Booten. Etwa 100 Jahre später wurde nach dem Ende der Schifffahrt auch der Hafen aufgegeben.*

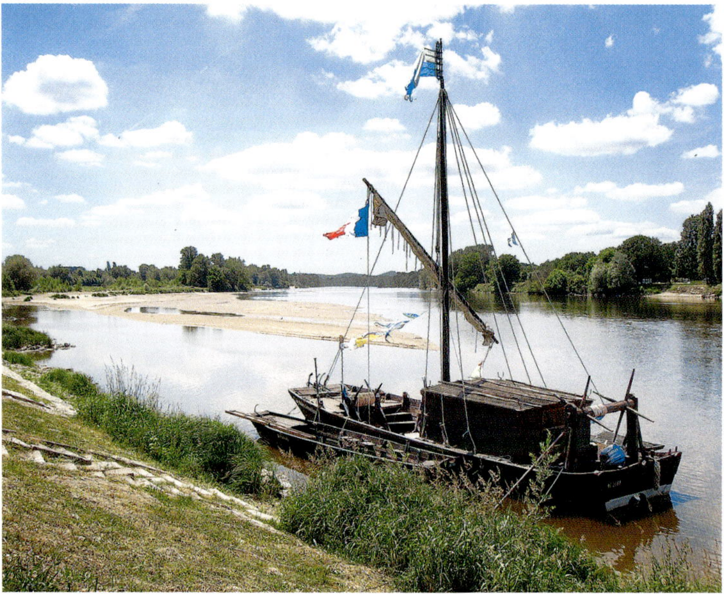

Historische Schiffe – früher als Lastkähne genutzt – dienen heute oft für Touristenausflüge und ankern an vielen Stellen der Loire.

Schifffahrt auf der Loire

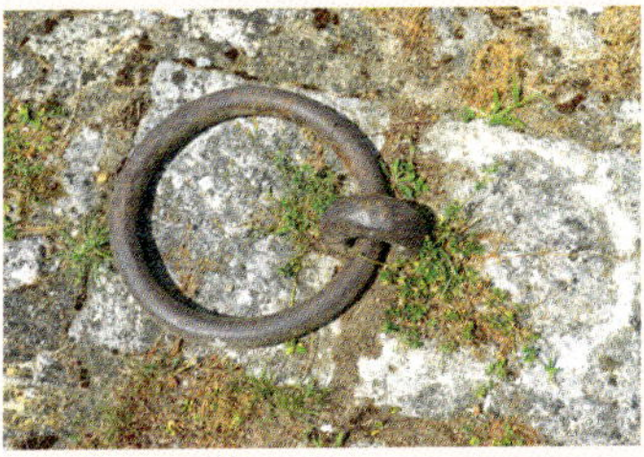

*Ab dem 15. Jh. gewann die Schifffahrt auf der **Loire** an Bedeutung und wurde wesentlich ausgebaut für den Transport von Baumaterial und Gütern wie Wein, Kaffee und Keramik. Vor allem die Adligen ließen sich auf diesem Wege versorgen.*

*Heute noch weisen umfangreiche Uferbefestigungen und Hafenanlagen auf die intensive Nutzung der **Loire** als Transportweg hin, zu sehen u.a. in **Le Cavereau** und **St.-Dyé-sur-Loire**, dem Hafen von **Schloss Chambord**.*

*Allerdings war die Schifffahrt aufgrund des sehr wechselhaften Wasserstandes zeitaufwändig. Flussab benötigten Schiffe von Digoin bis Nantes (600 km) bei guten Bedingungen 10 Tage, flussauf wurden sie von Segeln und Seilen angetrieben und brauchten manchmal Monate. Bei Niedrigwasser war die **Loire** im Sommer oft gar nicht schiffbar. Anfang des 19. Jh. wurde der Transport mit Schiffen von der Eisenbahn abgelöst.*

*Heute wird die **Loire** nur von der Mündung bis Nantes für größere Schiffe genutzt, kleine moderne Ausflugsschiffe fahren bis Saumur.*
Von dort flussaufwärts teilen sich nur noch Paddler, historische Ausflugsboote und Angelboote den Fluss.

km 10,8/336,4
47°42'01,9"N–1°34'46,8"O

Eine gute *Einsetzstelle* für alle, die nicht auf den Rücktransport per Zug angewiesen sind, ist die Rampe am nordwestlichen Ende des kleinen Ortes. Hier startet auch die 8-Tages-Tour des in Vineuil (Blois) angesiedelten Vermieters „Loire Kayak".

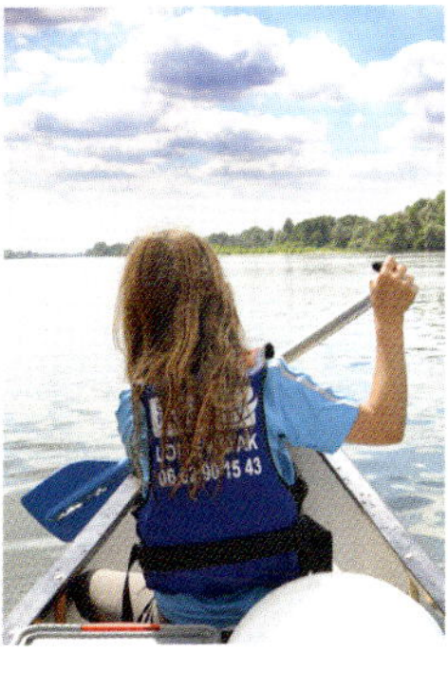

km 12,8/334,4
47°41'22,9"N–1°33'35,6"O

Der Ausstieg zum *Camping de l'Amitié* in **Nouan-sur-Loire** befindet sich an einem Steg etwa 50 m flussauf. Er soll ab 2017 beschildert werden, da man leicht den Platz übersieht, vom Fluss aus ist nur der Zaun zu sehen! Ein Wiesenweg führt zu einem Seitentor, für das man den Schlüssel an der Rezeption bekommt.

Camping municipale l'Amitié
+33 (0)2 54 87 01 52

Lebensmittel
Di–Fr 7–13, 16–19
So 9–14

Oberhalb, im Ort **Nouan-sur-Loire**, hinter der im 10. Jh. gebauten Kirche Saint Aignan, gibt es an der Durchgangsstraße ein *Lebensmittelgeschäft* *(Épicerie)*.
Schon bald kommt die moderne Brücke der D 112 in Sicht, die den Ort **Muides-sur-Loire** mit dem gegenüberliegenden Ufer verbindet. Gut einen Kilometer davor wird der Fluss auf seiner ganzen Breite flach und steinig, hier befindet sich die beste Fahrrinne etwa ¼ vom rechten Ufer entfernt.

km 15,6/331,6

Brücke

Camping **
municipale
Bellevue
+33 (0)2 54 87 01 56
47°40'19,9"N–1°31'28,0"O

Der *Campingplatz von Muides* beginnt etwa 200 m nach der Brücke auf der linken Seite. Es gibt mehrere Ausstiegsmöglichkeiten. Kurz vor der Insel links ist der Weg zum Platz am kürzesten. Da dieser nur durch einen Lattenzaun von der breiten gemähten Uferwiese getrennt ist, kann er vom Fluss aus problemlos betreten werden. Die Wiese, sandige Uferstellen und die meist zu Fuß erreichbare Insel laden zu einem Aufenthalt am Fluss ein.

Restaurant
La Chanterelle
+33 (0)2 548 120 44

Von der Brücke etwa 200 m Richtung Ort, liegt an der Avenue du Pont das vielfach gelobte *Restaurant La Chanterelle* mit klassischer französischer Küche, wo man von der Terrasse aus einen schönen Blick auf die ***Loire*** hat.
An der örtlichen Durchgangsstraße *(D 591 / Rue Nationale)* findet man Einkaufsmöglichkeiten.

Pension****
Château de
Colliers
+33 (0)2 54 87 50 75

Die edle *Pension „Château de Colliers"* *(nur Frühstück)* kann wegen Blockierungen im Fluss am besten von unten angefahren werden. Rund zwei Kilometer nach Passieren der Brücke geht es zwischen der letzten Insel und einer Sandbank ca. 500 Meter im Nebenarm wieder flussauf. Inmitten eines schönen Parks mit altem Baumbestand liegt das vom Besitzerehepaar komfortabel mit Stilmöbeln eingerichtete Haus. Das Speisezimmer steht gar unter Denkmalschutz. Von der großen Terrasse hat man einen traumhaften Blick über die ***Loire***.

km 19,3/327,9
47°39'52,8"N–1°30'41,0"O

Der nächste Ort ist **St.-Dyé-sur-Loire**, wegen seiner grossen ehemaligen Hafenanlagen unverkennbar.

*Als König Francois I. im Jahre 1519 die Errichtung von **Schloss Chambord** in Auftrag gab, änderte sich das Leben im Dorf dramatisch. Der Hafen von **St.-Dyé** wurde für den Transport der Materialien für den nur 4 km entfernten Bauplatz benötigt, täglich landeten mehrere Dutzend Schiffe an.*

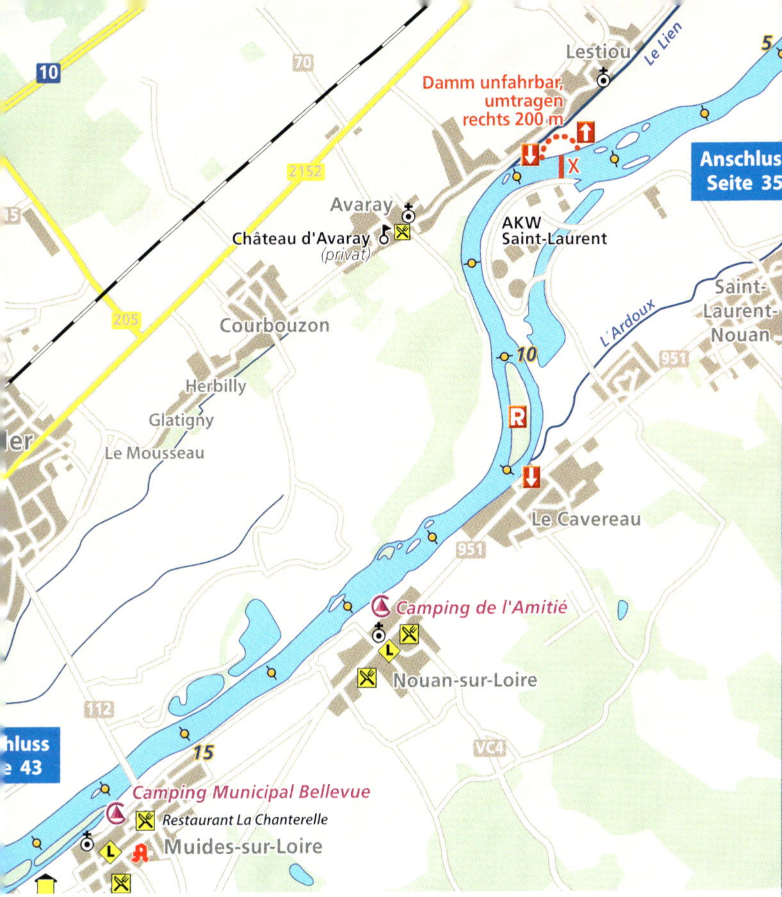

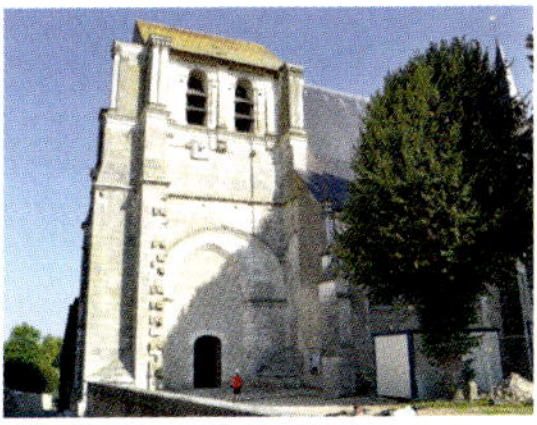

Noch vor den Hafenanlagen befindet sich links das *Hôtel Manoir Bel Air*. Es ist von der ***Loire*** aus durch den Garten erreichbar.

Die gemütliche und erschwingliche *Pension „Le Clos Joséphine"*, in einem Gebäude aus dem späten 18. Jahrhundert untergebracht, erreicht man 800 Meter weiter, indem man am unteren Ende der gemauerten Ortsbefestigung in die Rue de la Renardiere geht und direkt in das nächste Sträßlein links einbiegt.

47°69'33,5"N–1°29'42,5"O

Hôtel***
Restaurant
Manoir Bel Air
+33 (0)2 54 81 60 10

Pension
Le Clos Joséphine
+33 (0)2 54 81 67 17

La Maison de la Loire du Loir-et-Cher
+33 (0)2 54 81 68 07

Wenn man 250 Meter vorher der *Rue de l'Eglise* in den Ort folgt und sich an der Hauptstraße *Rue Nationale* nach rechts wendet, findet man einen Bäcker, ein Lebensmittelgeschäft sowie das ***Informationszentrum „Maison de la Loire"*** mit einer Ausstellung zur ***Loire*** und der Geschichte **St.-Dyés** als Hafen von ***Schloss Chambord***.

Snack and Bike
+33 (0)6 45 29 72 51

„KLP Taxi"
+33 (0)6 77 94 89 20

Fahrräder, z.B. für einen Besuch des Schlosses Chambord, können bei ***„Snack and Bike"*** gemietet werden.
Das Taxiunternehmen „KLP Taxi" bietet zu festen Zeiten für 45,- € p.P. fünfstündige Touren zu den Schlössern Blois und Chambord an.

Schloss Chambord

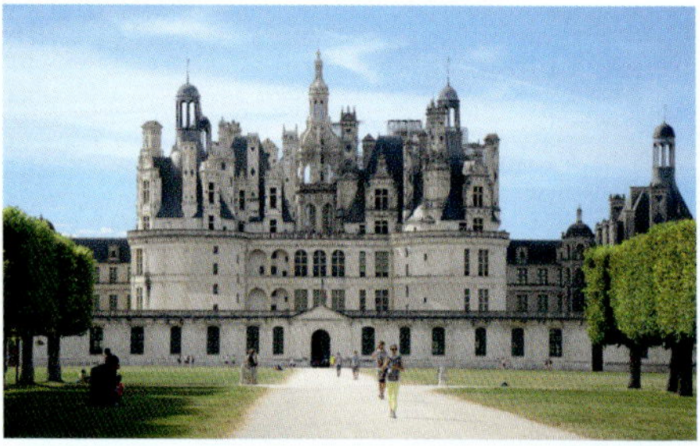

Von König Francois I. im Jahre 1519 in Auftrag gegeben, gilt das Renaissance-Schloss in den Wäldern von **Chambord**, einem früheren Jagdgebiet, heute als größtes und prächtigstes aller Loire-Schlösser. Mit dem prunkvollen Bau verband Francois I. die Hoffnung, seinen Anspruch auf das Heilige Römische Reich von Kaiser Karl V. zu untermauern. Jedoch erfüllte sich der Wunsch nicht, **Chambord** wurde nie dauerhaft Residenz, beherbergte jedoch während großer Jagden mehrere Tausend Menschen.

Das Schloss steht auf einer Grundfläche von fast 120 x 160 Metern und benötigte 25 Jahre Bauzeit. Da es auf sumpfigem Grund errichtet wurde, trieben Hunderte von Arbeitern Holzpfähle als Fundament mehrere Meter tief in den Grund. Der von sechs hohen Türmen flankierte Bau zählt 440 Räume. Vor allem zwischen den Türmen des viereckigen Zentralbaus erheben sich unzählige weitere Türmchen, Erker und Kamine, eine in dieser Form einzigartige Dachlandschaft. Im Zentralbau, Corps de Logis genannt, befindet sich ein offenes Treppenhaus mit einer doppelläufigen Treppe, das der Idee Leonardo Da Vinci's zugeschrieben wird ebenso das für die Zeit überaus moderne Latrinensystem.

Chambord kann mit Audio-Guide besichtigt werden. Zudem gibt es unterschiedliche Führungen und Veranstaltungen, wie z.B. eine Reiter- und Raubvogel-Show.

Von der Loire nach ***Chambord*** *kann man folgendermaßen gelangen:*
– mit dem Fahrrad oder Taxi von **St. Dyé,** – ab 2017 Jahr mit dem Fahrrad von **Lac de Loire (Vineuil)**, – mit öffentlichen Verkehrsmitteln (Bus) oder Fahrrad von **Blois.**

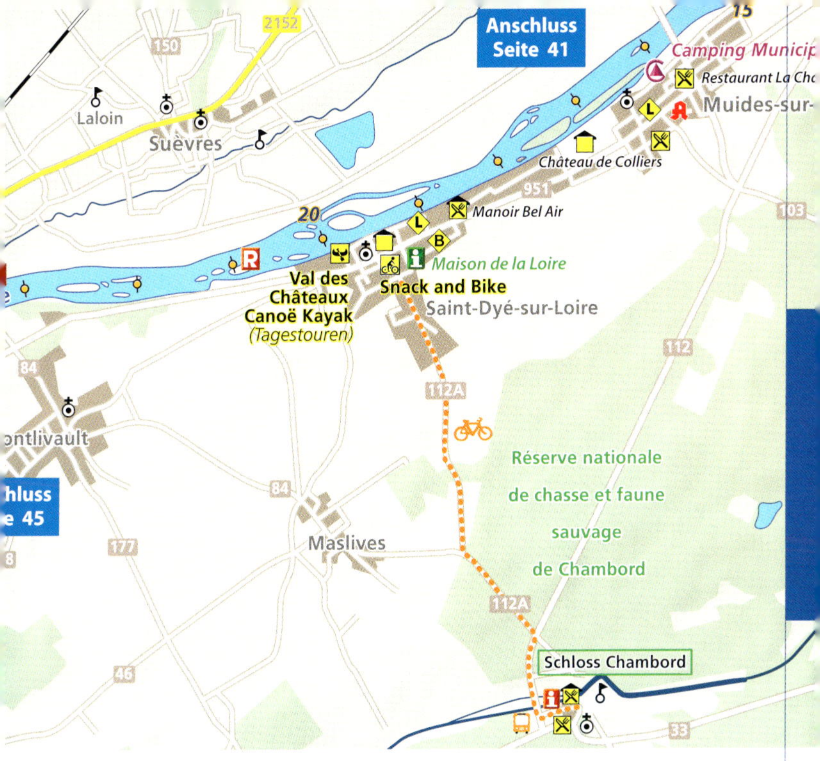

Die *Kanuvermietung „Val des Châteaux Canoë Kayak"*, am Ende der Hafenanlage von **Saint-Dyé-sur-Loire**, bietet Tagestouren zwischen **Le Cavereau** und **Chaumont-sur-Loire** an.

Val des Châteaux Canoë Kayak
+33 (0)2 54 81 67 53

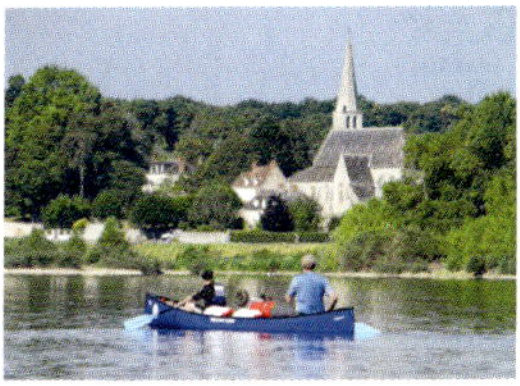

Die gut sichtbare *Kirche Saint-Vincent-et-Sainte-Radegonde* kündet vom kleinen Ort **Cour-sur-Loire**.

23,9/323,3

Das dreischiffige Kirchengebäude wurde im 16. Jh., der Glockenturm und ein Teil der Fassadenmauer im 12. Jh. erbaut. Besonders beachtenswert sind die bunten Glasfenster aus der Renaissance.

Gut einen Kilometer hinter der nächsten Linkskehre finden sich auf der linken Flussseite mehrere schöne Rastplätze, während rechts oberhalb der *Loire* das **Schloss Menars** im Renaissance-Stil thront.

25,2/322
47°38'33,7"N–1°25'20,8"O

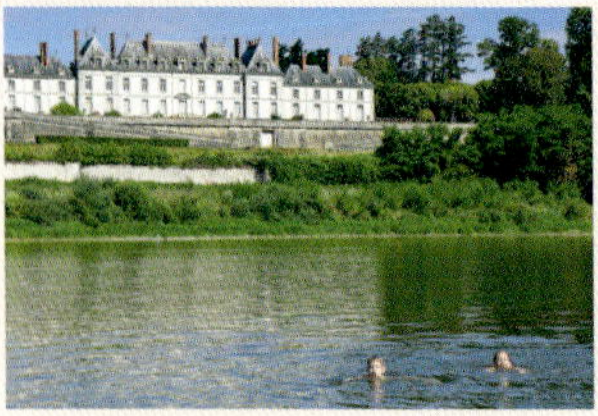

Schloss Menars *wurde im 16. und 17. Jh. erbaut und erweitert. Mitte des 18. Jh. ging es an Madame Pompadour, offizielle Mätresse Ludwigs des XV. und erste bürgerliche königliche Mätresse überhaupt. Das in Privatbesitz befindliche Schloss ist von einer schönen Gartenanlage umgeben.*

km 28,8/318,4

Brücke(nruine)

Die *Pfeilerreste* einer alten, im 2. Weltkrieg zerstörten Eisenbahnbrücke rücken ins Blickfeld. Links zieht sich die ehemalige Trasse – von der ***Loire*** aus nicht zu sehen – als gemauerte Bogenkonstruktion geradlinig zum Ort **Vineuil**. Gut 100 m vor den Mauerpfosten befindet sich links gut sichtbar ein Parkplatz mit Picknickbank.

Von den Freizeiteinrichtungen des ehemaligen **Stausees „Lac de Loire"** erreichen wir zuerst das Freibad links oberhalb der Loire und ein Restaurant mit Außenterrasse.

km 30,1/317,1

47°36'24,1"N–1°22'25,1"O

Loire Kayak

+33 (0)6 62 90 15 43

Dann folgt der *Kanuvermieter „Loire Kayak"*, erkennbar an einem aufgestellten halben Kajak. Unterstützt von seinem freundlichen, auch englischsprachigen Team vermietet Davide Aufsitzkajaks und Kanus auch für mehrtägige Touren und verkauft Eis und kalte Getränke. Sein Equipment ist von guter Qualität und das Telefon immer englischsprachig besetzt. Für die achttägige Strecke *Le Cavereau – Saumur* bietet *„Loire-Kayak"* einen speziellen Paketpreis an. Davide hat für seine Kunden eine App erstellt, die dem Paddler die aktuelle Position auf einer Flusskarte anzeigt und offline funktioniert. Für 2017 ist die Vermietung von Fahrrädern geplant.

Camping* Val de Blois**

+33 (0)2 54 78 82 05

Lebensmittel

Di–Sa 10–12.30 und 15–19

Der Ausstieg an der Kiesbank führt auch zum *Camping „Val de Blois"* und zu einem *Spezialitätengeschäft mit Fischprodukten,* das aber auch einige wichtige Lebensmittel und Getränke führt.

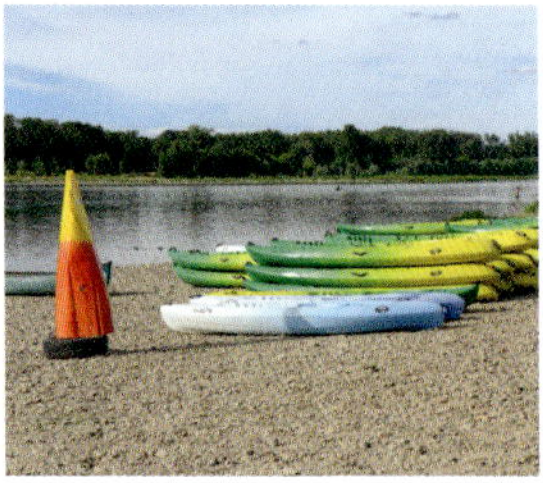

km 31,6/315,6

fahrbar, rechts halten

Wenig später erreichen wir das *ehemalige Wehr*, das den **Lac de Loire** aufstaute. Eine Durchfahrt ist zwischen dem ersten und zweiten Pfosten von rechts möglich.

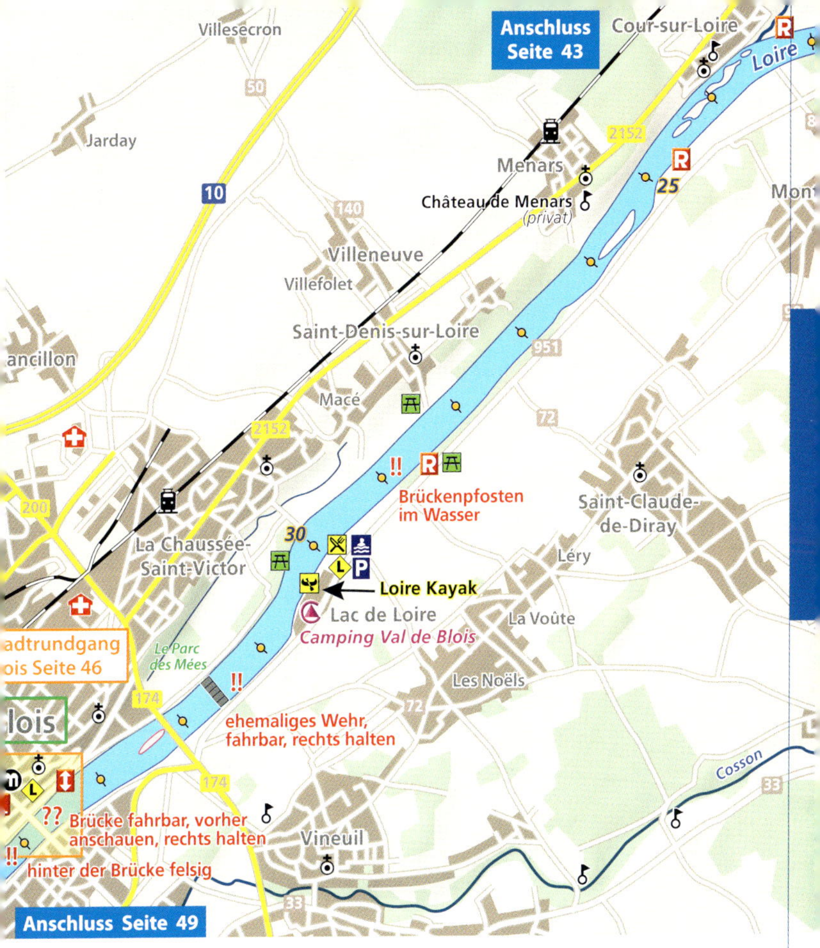

Bis 2006 wurde hier die Loire aufgestaut, um einen See für Freizeitaktivitäten wie Motorboot- und Wasserskifahren zu schaffen. Im Sommer war der See ein Ausflugsparadies und mit Wasserfahrzeugen aller Art gefüllt. Unter anderem aus Gründen des Umweltschutzes wurde das Wehr aufgegeben.

Die moderne *Brücke „Pont Charles de Gaulle"* der D 174 können wir ohne Schwierigkeiten unterfahren. Danach erreichen wir das Stadtgebiet von **Blois**.

km 32,1/315,1

Brücke
problemlos fahrbar

Ehe wir zur Bogenbrücke von Blois kommen, passieren wir eine Insel, die mit roten Schildern markiert ist. Sie dient als Vogelbrutplatz und darf nicht betreten werden.

Vogelschutzgebiet

km 33,7/313,5
47°35'15,0"N–1°20'19,9"O

Brücke ??
Durchfahrt unbedingt vorher anschauen

Die alte *Bogenbrücke* von **Blois** ist ein zwingender Grund das Kanu zu verlassen. Vor der Unterfahrung muss sie unbedingt von oben begutachtet werden, denn 60 m hinter der Brücke tritt der felsige Flussgrund hervor. Ein Ausstieg ist am rechten Ufer gut möglich, Treppen führen die gemauerte Uferbefestigung hoch zur Straße. Normalerweise ist die Brücke im zweiten Bogen von rechts befahrbar mit fast gradliniger Durchfahrt durch den anschließenden flachen felsigen Bereich.
Im sehenswerten **Blois** gibt es drei wassernahe Unterkünfte *(s. Adressen)*, da das Kanu jedoch wegen Ufermauern bzw. Platzmangel ungesichert am Ufer verbleiben muss, wird diese Option normalerweise nicht in Frage kommen.

„Au rendez-vous des pêcheurs"
+33 (0)2 54 74 67 48

Wer hervorragend Fisch essen will, kann dies im unkomplizierten und beliebten *Restaurant „Au rendez-vous des pêcheurs"* tun.

Vom Bahnhof fährt um 9.30 und 11.30 ein *Bus (ca. 6 €)* zu den **Schlössern Chambord, Cheverny** und **Beauregard**. Bis **Chambord** benötigt er 40 Min.
(06.07. - 31.08. Abfahrt täglich, in den anderen Monaten an wechselnden Tagen, in der Tourist-Info erfragen, 1-2 € Preisreduzierung mit Busticket beim Eintritt in die Schlösser).

Blick auf Blois

Mit 50.000 Einwohnern ist das auf mehreren Hügeln errichtete Blois die zweitgrößte Stadt unserer Tour. Viele Treppen verbinden die engen Straßen des Zentrums miteinander. Vor allem durch das Königsschloss bekannt geworden, wurde der Ort im 6. Jhd. erstmals erwähnt, Relikte beweisen jedoch eine Besiedlung bereits in der Römerzeit. Über Jahrhunderte war der Ort Sitz einer Grafschaft, deren Herren im 13. Jh. die ältesten erhaltenen Teile des Schlosses erbauen ließen. Jeanne d'Arc unternahm ihre Feldzüge zur Befreiung Orléans' Anfang des 15. Jh. von Blois aus. Im 15. und 16. Jh. lebten mehrere Könige zeitweise in Blois, das Schloss wurde u.a. als Sommerdomizil genutzt. Ende des 17. Jh. wurde Blois zudem Sitz eines Bistums.

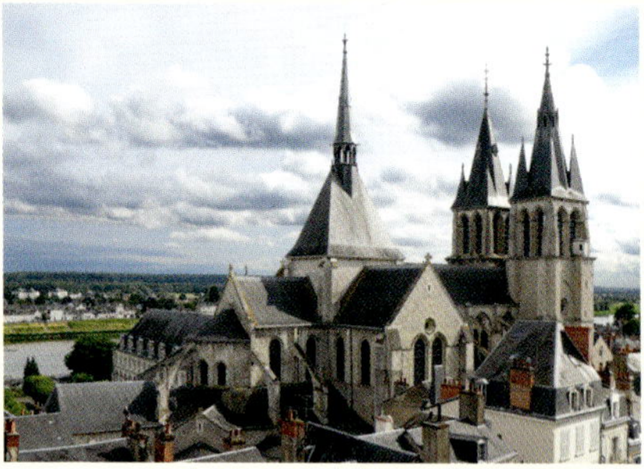

1. ***Bogenbrücke Jacques-Gabriel*** aus dem 18. Jh.
2. ***Kirche St. Nicolas,*** im 12. und 13. Jh. von Benediktinern als Abteikirche erbaut. Während der Französischen Revolution diente sie als Krankenhaus.
3. ***Château Royal de Blois*** und ***Museum der Schönen Künste.***
4. ***Maison de la Magie.*** Museum zur Zauberkunst in einem grossen Bürgerhaus aus dem 19. Jh., ist dem Magier Robert Houdin gewidmet. Stündlich streckt ein großer Drachen seine sechs riesigen goldenen Köpfe aus den Fenstern *(Foto rechts).*

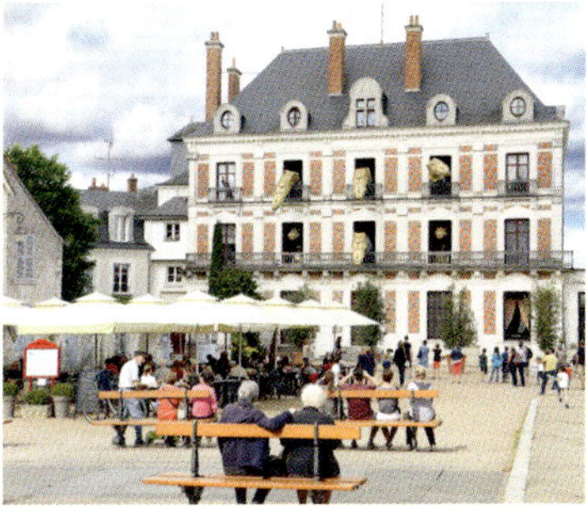

5. ***Kirche Saint-Vincent-de-Paul.*** Im sog. Jesuitenstil im 17. Jh. erbaut.
6. ***Kathedrale St. Louis.*** Kirchenschiff und Turm wurden Mitte des 16. Jh. im Renaissance-Stil erbaut. Nach Zerstörung des Hauptschiffes durch einen schweren Orkan Ende des 17. Jh. im spätgotischen Stil wieder aufgebaut.
7. ***Les Jardins de l'ancien Évêché.*** Ehemalige bischöfliche Gärten, mit Rosengarten „Garten der Sinne" und „Aroma-Garten".
8. ***Observatoire Loire.*** Museum zur Loire.

Office de Tourisme de Blois / Chambord, 23 Place du Château, 41043 Blois, Tel. +33 (0)2 54 90 41 41, www.bloischambord.de

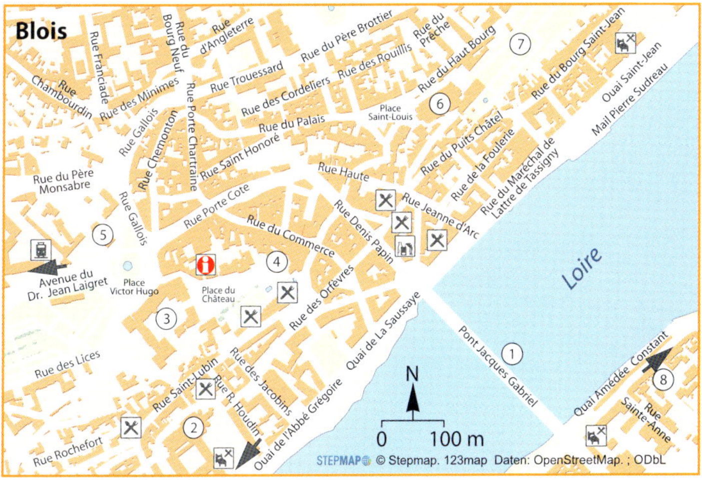

Château Royal de Blois

Im 10. Jh. wurde auf dem Felssporn über der Loire ein Wehrturm gebaut und über die Jahrhunderte zu einer Burganlage erweitert. Das Schloss ist die ehemalige Residenz von 7 Königen und 10 Königinnen Frankreichs. Um den Schlosshof gruppiert, vereint es Bauten aus vier verschiedenen Architektur-Epochen, vom Mittelalter bis zum 16. Jh.

Gotik: Der Ständesaal in der Nordecke aus dem frühen 13. Jh. ist der einzige erhaltene Teil des ehemaligen Schlosses der Grafen von Blois und der größte Saal seiner Art in Frankreich.

Spätgotik: Der heutige Eingangsbereich liegt in einem Sandsteingebäude, das Ludwig XII. zwischen 1498 und 1503 errichten ließ. Im 1. Stockwerk beherbergt er das Museum der Schönen Künste. Über dem Portal ließ Ludwig II. sich in einem lebensgroßen Reiterstandbild verewigen.

Renaissance: Italienische Renaissance-Elemente dominieren Fassade und Treppenturm des nördlichen Traktes, den Francois I. nur 15 Jahre später errichten ließ.

Klassizismus: Der dem Eingang gegenüberliegende Flügel wurde Anfang des 17. Jh. im Stil des klassizistischen Barock erbaut.

Die Pläne, alle anderen Flügel ebenfalls im neuen Stil zu ersetzen, scheiterten an Geldmangel. Inzwischen war der königliche Hof nach Paris umgezogen und das Schloss wurde in eine Kaserne umgewandelt. In dieser Zeit entfernte oder zerstörte man die wertvolle Innenausstattung. Während der Französischen Revolution wurde das **Schloss in Blois** sowie zahlreiche andere Schlösser von den Revolutionsgarden geplündert und alle königlichen Wappen zerstört einschließlich der Reiterstatue über dem Portal, weil sie als Zeichen der Unterdrückung galten.

Mit der kostspieligen Restaurierung von **Schloss Blois** wurde 1844 begonnen. Das beeindruckende Ergebnis war wegweisend für die Restaurierung weiterer Schlösser im Loire-Tal.

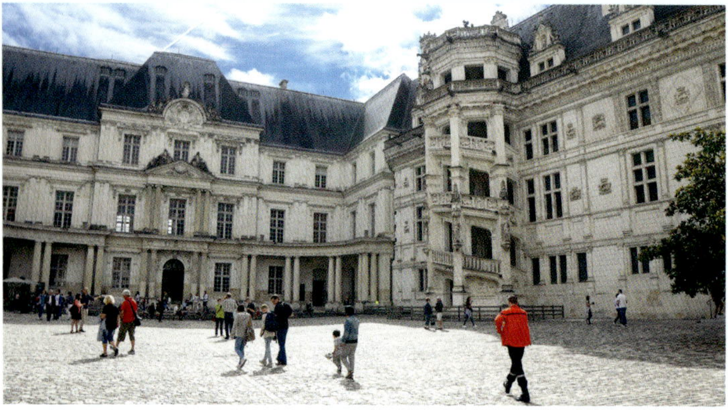

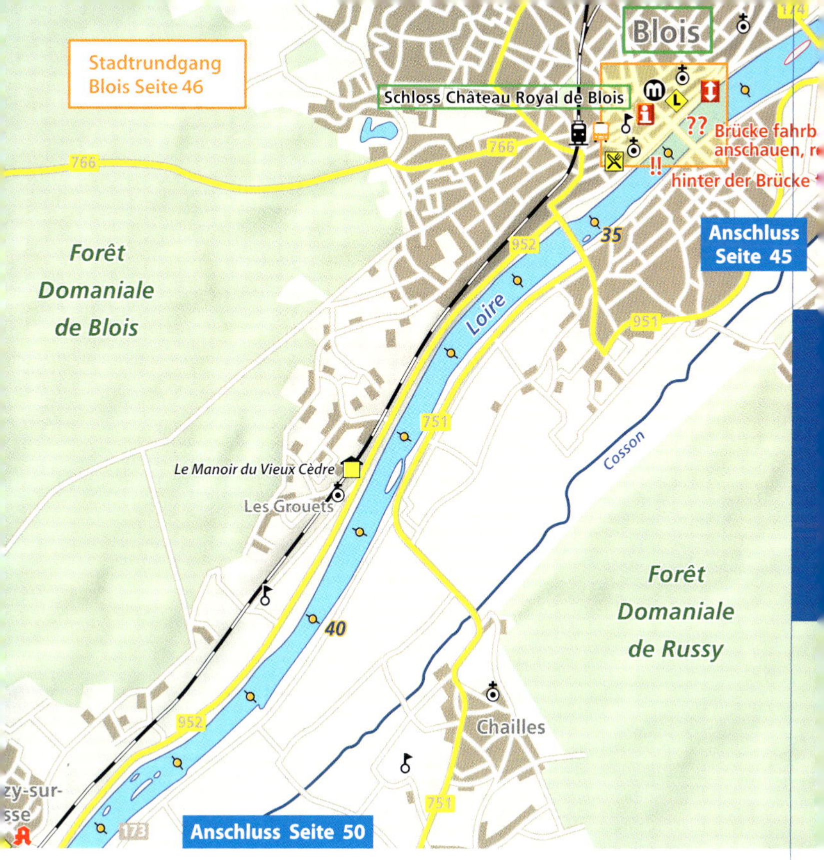

Ehe wir **Blois** verlassen, unterfahren wir die moderne *Brücke* der D 951 ohne Schwierigkeiten, am besten im 3. Bogen von rechts.

km 35,3/311,9

Brücke
problemlos fahrbar, 3. Bogen von rechts

Es folgt ein langes gerades Flussstück, von Bäumen und Sandbänken gesäumt, hinter denen die beiden großen Straßen zu beiden Seiten sich meist gut verstecken.

Etwa drei Kilometer nach der letzten Brücke von Blois bietet die versteckt am rechten Ufer oberhalb der Straße liegende Pension *„Le Manoir du Vieux Cèdre"* erschwingliche Zimmer. Wenn das Wetter es zulässt, kann man sein Frühstück im Garten unter Linden, Glyzinien und Zypressen genießen und im Pool baden.

47°33'22,4"N–1°17'46,0'O

Le Manoir du Vieux Cèdre
+33 (0)9 82 35 10 48

Ein Stück weiter, bei **Chouzy-sur-Cisse**, ist der Uferdamm der D 952 kahl und gemäht. Hier tritt die Zivilisation erstmals deutlich und unschön zu Tage. Hinter dem Ort sind auf den folgenden gut drei Kilometern beide Uferseiten dicht bewachsen und zu steil um bequem aussteigen oder rasten zu können.

km 46,6/300,6
47°29'39,2"N–1°14'23,1"O

Ganz anders an dem von links einmündenden ***Beuvron*** in die ***Loire***. An den wild bewachsenen Ufern direkt vor und nach der Einmündung finden sich überaus schöne Rastplätze.

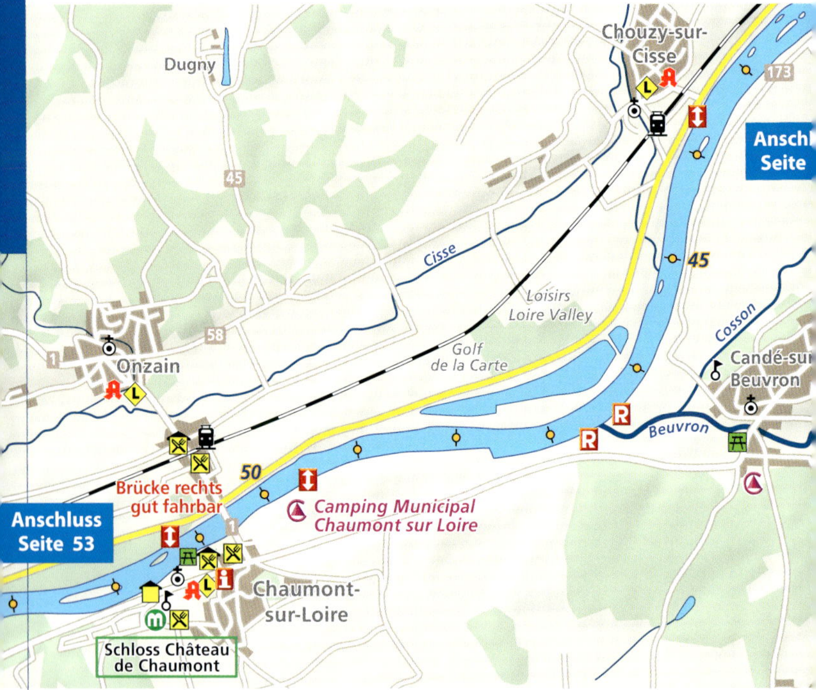

km 49,8/297,4
47°29'18,4"N–1°11'57,5"O
Camping Municipal
+33 (0)2 54 20 95 22

Der *Campingplatz von Chaumont-sur-Loire* erstreckt sich auf einem weiten Wiesengelände vor dem Ort am linken Flussufer. Er ist ziemlich naturbelassen und mit einzelnen hohen Bäumen bewachsen. Der beste Ausstieg ist gleich zu Beginn, später wird der Platz durch die immer breiter werdenden Uferauen vom Fluss getrennt. Morgens bringt der Bäcker frische Brötchen.

Die direkt nach dem Campingplatz folgende *Brücke* der D 1 lässt sich am besten rechts befahren, in der Mitte ist der Fluss oft zu flach.

Brücke
rechts gut fahrbar, Mitte flach

Gleich links folgt nun der kleine romantische, rund 1000 Einwohner zählende Ort **Chaumont-sur-Loire**, benannt nach dem gleichnamigen ***Schloss***, das sich am Ortsende über die Bäume erhebt. Die hübschen Häuser reihen sich entlang der Straße parallel zur ***Loire*** und sind vom Fluss durch einen 200 m breiten Uferbereich getrennt. Am Ufer selbst liegen einige traditionelle Loireboote, die heute nur noch touristischen Zwecken dienen.

Château Chaumont

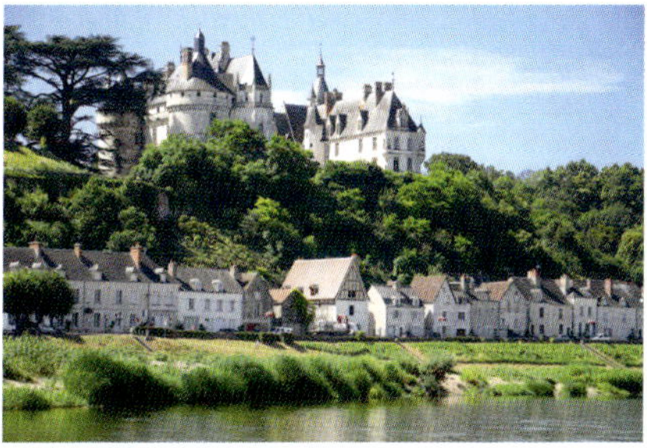

Am Ort des heutigen Schlosses errichtete man bereits im 10. Jh. eine teils hölzerne Burganlage zum Schutz von Blois, die in den folgenden Jahrhunderten mehrfach geschleift und wieder aufgebaut wurde. Zwischen 1469 und 1510 entstand das heutige **Schloss Chaumont,** ursprünglich wieder als Militärfestung. Nord- und Westflügel wiesen noch Wehrgänge und Pecherker auf, während im späteren Südflügel die Einflüsse der Renaissance deutlich sichtbar waren.

Chaumont wechselte mehrfach die Besitzer, wurde im Wechsel von Katharina von Medici und ihrer Rivalin und Maitresse Diana von Poitiers bewohnt. Im Jahre 1740 riss man den zur Loire weisende Nordflügel ab, reduzierte somit den sehr wehrhaften Charakter der Festung und gab dadurch einen weiten Blick von der Terrasse auf den Fluss frei.

Im 18. Jh. war **Chaumont** Sitz von Manufakturen der Glasbläserei, Keramik- und Töpferkunst, die das Schloss vor den Zerstörungen während der Französischen Revolution bewahrten. Ende des 19. Jh. wurde Chaumont durch einen großen Park im Stile englischer Landschaftsgärten umgeben. Heute können Teile des Schlosses mit Möbeln jener Zeit dekoriert besichtigt werden sowie die Gartenanlage, in der sich seit 25 Jahren im Rahmen des „Festival International des Jardins" jedes Jahr etwa 30 Landschaftsgärtner aus verschiedenen Ländern mit ihren Entwürfen präsentieren.

Der vom Fluss aus beste Zugang zum Schlossgelände liegt auf der südlichen Rückseite, hierzu landet man knapp unterhalb des Schlosses an der Uferböschung an, folgt an einer auffälligen sternförmigen Kreuzung der Straße „Rampe de Château" am Schloss vorbei und wendet sich nach links.

In **Chaumont** gibt es ein Geschäft gegenüber der Kirche sowie zwei Restaurants, die Pizza, Crepes und Fleisch vom Grill anbieten.

Hôtel* Restaurant l'Hostellerie du Château**
+33 (0)2 54 20 98 04

Das *Hôtel-Restaurant „l'Hostellerie du Château"*, ein großer dreistöckiger Fachwerkbau, findet sich etwa 250 m unterhalb der Brücke in **Chaumont** noch vor der Kirche, hier müssen wir die weite Sandbank überqueren und der Rue de la Plage in den Ort folgen.

La Maison du Pêcheur
+33 (0)2 54 20 92 57

Die *Pension „La Maison du Pêcheur"* direkt unterhalb des Schosses ist einfacher zu erreichen, da das ***Loire-Ufer*** als grasbewachsener Damm hier nur wenige Meter von Straße und Häusern entfernt ist. In dem alten Fischerhaus sind alle Zimmer mit Charakter und Liebe eingerichtet, in eine Richtung mit Blick auf die ***Loire*** und in die andere mit Blick auf das Schloss.

47°29'03,3"N–1°10'58,4"O

Gegenüber von **Chaumont**, etwa 550 m unterhalb der Brücke, befindet sich auf der rechten Flussseite am Ende eines Wiesen-Uferstücks eine gute Ein- und Aussetzstelle mit Straßenanbindung. Der *Bahnhof* in Richtung des Ortes **Onzain** ist etwa 1,2 km entfernt.

km 55,7/291,5
47°28'15,0"N–1°07'33,5"O

Auberge de la Croix Blanche
Di, Do–So 12–13.30, Mi–Sa 19.30–21

In **Veuves**, markiert durch eine breite freie Stelle am Uferdamm, liegt das *Restaurant „Auberge de la Croix Blanche"* direkt auf der anderen Seite der Uferstraße. Besonders schön lässt sich seine traditionelle Küche mit den lokalen Produkten im Garten im Schatten der Maulbeerbäume genießen.

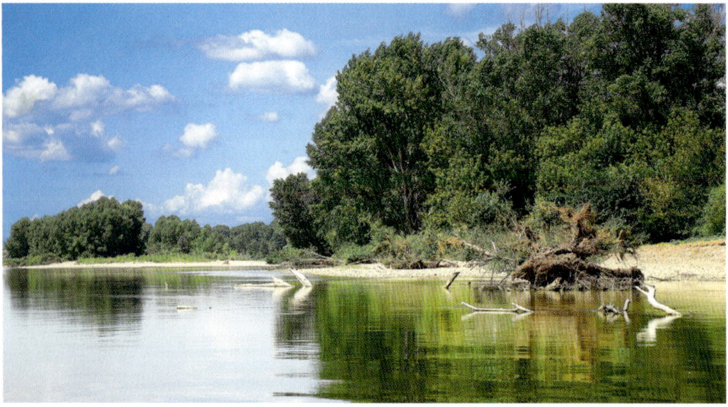

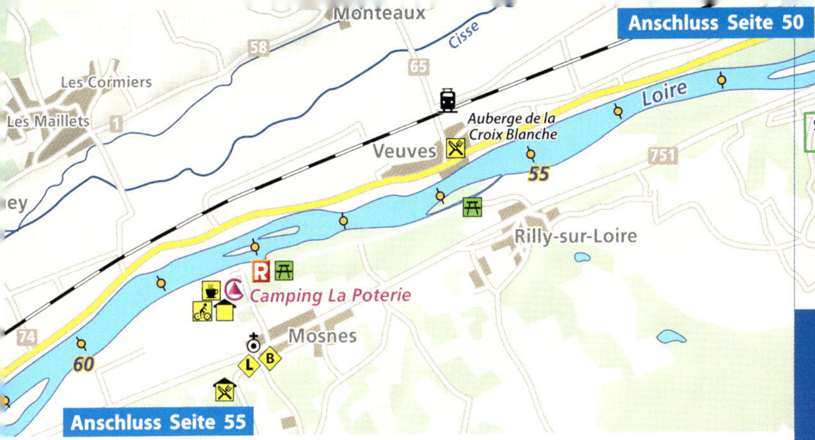

km 58,2/289
47°27'45,0"N–1°05'45,2"O

Camping**
La Poterie
+33 (0)2 47 30 50 11

Wenige hundert Meter weiter ist der zu dem kleinen, einen Kilometer entfernten Ort **Mosnes** gehörende *Campingplatz* erreicht. Am besten man paddelt rechts an der vorgelagerten Inselgruppe vorbei und von unten in den kleinen Flussarm 150 m zum Platz zurück. Wer keine Lust hat, sein Zelt auf dem ruhigen und gepflegten Platz aufzubauen, mietet sich entweder eine urige Finnische Kota, ein Mobilheim oder einen Wohnwagen. Auch Fahrräder stehen zur Vermietung bereit *(vorher reservieren)*.
Es gibt eine kleine Snackbar mit Salaten, Burgern, Croques – auch für Tagesbesucher. Samstags kommt ein Pizza-Lieferservice. Vor dem Platz erstreckt sich ein breiter Uferstreifen mit Picknickbänken unter Bäumen.

In **Mosnes** gibt es neben der ***Kiche Saint-Martin*** (*historisches Monument*) ein altes ***Lavoir*** (*Waschhaus*) sowie das Hotel ***Château des Thômeaux***, ein kleines Geschäft und einen Bäcker *(beide Mo sowie mittags geschlossen)*.

km 62,8/284,4
47°26'29,3"N–1°02'52,3"O
Tuffsteinhöhlen

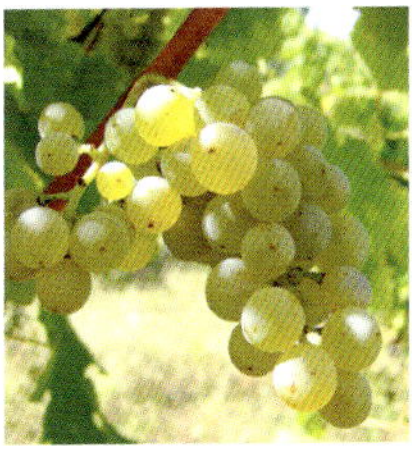

Knapp fünf Kilometer weiter sind links in den Uferfelsen zum ersten Mal ***Tuffsteinhöhlen*** zu sehen. Die Bar und *Weinkellerei „Volupia“* befindet sich in einer solchen Höhle und lädt ein (*tgl. ab 12, Mo ab 14*) zum Probieren von Wein, Bier, Käse, Terrinen, Suppen. Dazu werden edle Leckereien und regionale Produkte angeboten und verkauft. Das Hinweisschild und die Außenterrasse sind vom Fluss aus zu sehen.

km 64,2/283
Camping du Verdeau
+33 (0)2 47 57 04 01

Der *Campingplatz du Verdeau* von **Chargé** liegt versteckt hinter einer weiten Sandbank und Bäumen, er ist vom Fluss aus nicht zu sehen. In Chargé gibt es keine Einkaufsmöglichkeit.

km 65,8 / 281,4
Brücke

Wenig später erreichen wir die *Straßenbrücke* der D 31. Sie erstreckt sich über eine weite Insellandschaft. Die größte Schwierigkeit ist, dazwischen die richtige Durchfahrt zu finden. Ein Stopp in **Amboise** ist sehr lohnenswert. Neben den hübschen Straßen, den vielen Restaurants und Cafés, laden gleich drei Schlösser zur Besichtigung ein *(siehe Seite 56-58)*.

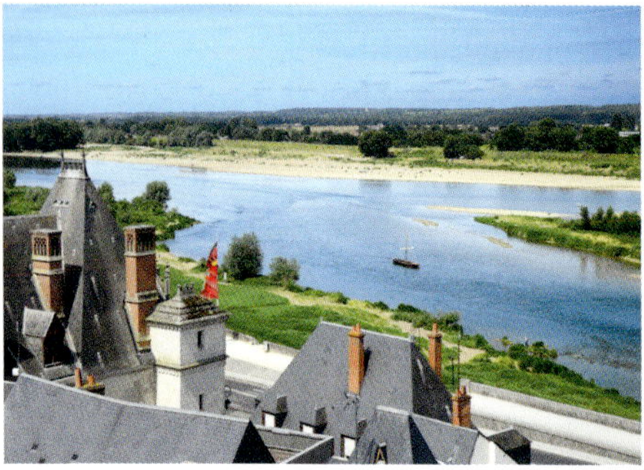

Um zum *Campingplatz* zu gelangen oder weiter auf der Loire zu paddeln, muss man sich links halten. Wir befahren den zweiten Flussarm der uns nach links zwischen dem 1. und 2. Brückenpfeiler durchleitet.

km 67,9/279,3
47°24'58,7"N–0°59'15,2"O
Camping ** municipal de l'Île d'Or d'Amboise
+33 (0)2 47 57 23 37

Der Ausstieg zum *Campingplatz l'Île d'Or d'Amboise* liegt auf der Insel ***Île d`Or*** am stadtnahen Ende des Platzes an ein paar Holzstufen, etwa 120 m vor zwei im Fluss stehenden ehemaligen Brückenpfosten. Die Rezeption befindet sich im großen Gebäude auf der gegenüberliegenden Seite der Zufahrtsstraße, zum Campingplatz ist man über selbige Straße knapp 100 Meter unterwegs.
Paddler werden meist auf den ersten Plätzen vorne rechts untergebracht, damit die Wege auf dem riesigen Platz mit Gepäck nicht zu lang werden. In der Hauptsaison füllt sich der Platz sehr schnell, deswegen sollte man nicht zu spät ankommen. Leider ist der Platz durch dichte Hecken vom Fluss getrennt. Hinter der Rezeption wartet ein Freibad auf Badegäste. Ein Geschäft befindet sich an der Straße am Kai, 200 m unterhalb der Brücke bzw. unterhalb der Kirche.

La Porte Bleue
+33 (0)2 47 30 94 40

Eine Alternative zum Campen ist das wenige Meter weiter, kurz vor der Brücke und oberhalb der Steintreppe am Südufer auf der Insel liegende Haus *„La Porte Bleue"*. Das alte, früher von einem Seemann bewohnte Haus bietet Ferienwohnungen auch für nur eine Nacht.

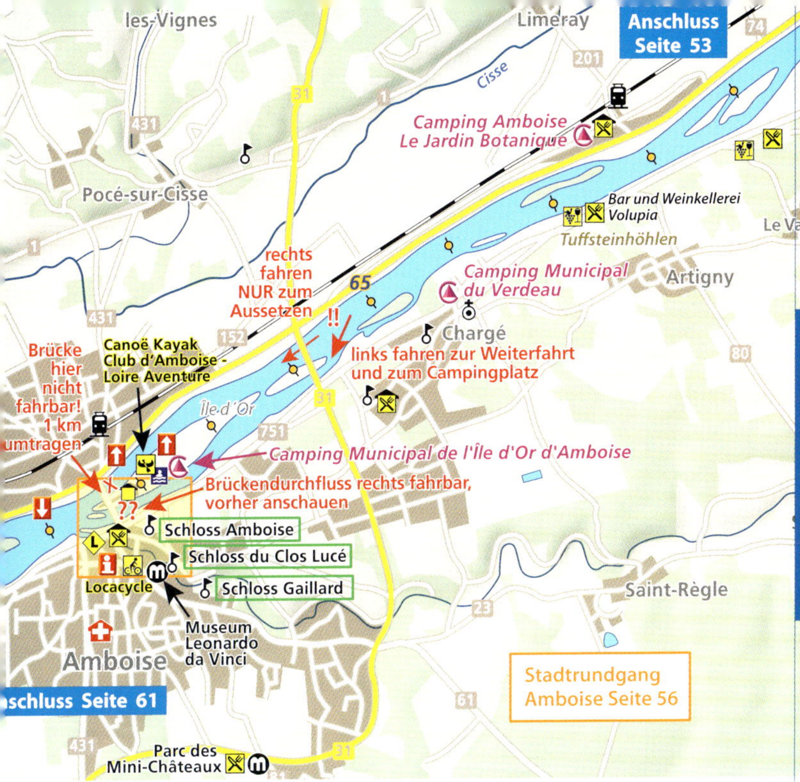

Eine weitere Hotelübernachtung bietet das *Hotel Bellevue* am Südufer des Flusses direkt bei der Brücke. Der Ausstieg ist unterhalb der Brücke am sandigen Ufer problemlos möglich. Paddler sind gerne gesehen, Kanus müssen jedoch unter der Brücke gelagert werden.

Hôtel Bellevue
+33 (0)2 47 57 02 26

Auf der Insel befindet sich die *Kanuvermietung „Loire Aventure"* des *Canoë Kayak Club d'Amboise*. Es werden Kanus für die gesamte ***Loire*** vermietet und wem es an Ausrüstung mangelt, auch ein „pack bivouac" mit Zelt, Isomatte, Schlafsack, Kocher. In der Seitenstraße neben der Tourist-Information können Räder gemietet werden.

Canoë Kayak Club d'Amboise
+33 (0)2 47 23 26 52

Locacycle
+33 (0)2 47 57 00 28

Wer die Tour in **Amboise** beenden möchte, findet einen guten *Ausstieg* am Nordufer der Insel ***Île d`Or.*** Zum Aussetzen fahren wir in den rechten Flussarm, dazu muss man sich vor der Brücke der D 31 mittig halten, um dann die folgende große Insel rechts zu umpaddeln.

47°25'10,5"N–0°59'17,0"O

Die Ausstiegsstelle befindet sich auf der Insel an einer sandigen Rampe zwischen Bäumen, etwa 500 m vor der nächsten Brücke. Der *Bahnhof* ist etwa 1,5 km entfernt. Näher zum Bahnhof befindet sich eine Rampe an der gegenüberliegenden Uferböschung 250 m rechts vor der Brücke. Eine Weiterfahrt auf der ***Loire*** ist hier nicht möglich, da die folgende Bogenbrücke rechts wegen Steinen, Felsstufen und Pfostenreihen unfahrbar ist.

Blick auf Amboise

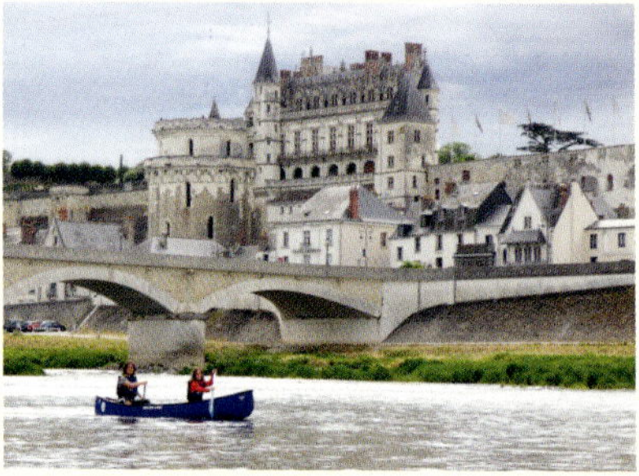

Der Ort am Zusammenfluss von ***Loire*** und ***Amasse*** war bereits im Neolithikum bewohnt von den Turonen, einem keltischen Volk, das Namensgeber der ***Provinz Touraine*** wurde.

Die zum Schutz der Siedlung erbaute Festung wurde um die Zeitenwende von den Römern übernommen. Sie gaben der Stadt den Namen Ambacia, eventuell angelehnt an den Namen des Baches Amasse. Nach dem Einfall der Normannen im 9. Jh. wurde das Gebiet von Amboise unter drei Herrschaften aufgeteilt. Unterhalb der Festung entstand eine mittelalterliche Stadt, am Bach Amasse siedelten sich Gerbereien an. Später lebten mehrere Könige zumindest zeitweise in Amboise, das untrennbar mit seinem Schloss verbunden ist.

1. ***Bogenbrücke Pont du Maréchal Leclerc.*** Bereits im 4. Jh. soll Ancien, Graf von Tours, eine Holzbrücke über die Insel Il d'Or gebaut haben, sie wurde mehrfach zerstört u.a. von den Normannen im 9. Jh., bei dem verheerenden Hochwasser von 1535 und dem Eisgang von 1789, frühere Brücken waren einige Meter flussauf der jetzigen gebaut, die beiden Brückenpfosten stromauf gehörten zu einer Brücke aus dem Zweiten Weltkrieg.
2. ***Schloss Amboise*** (siehe Seite 58).
3. ***Kirche Saint Florentin*** war Teil der Befestigungsanlagen an der Loire. Im 15. Jh. unter König Louis XI. erbaut, der aus Angst vor Seuchen nicht mehr in die öffentlich zugängliche Kirche Saint Denis gehen wollte.
4. ***Uhrenturm.*** Im 15. Jh. Haupttor der Stadt, wurde 1495 zum Glockenturm und bekam 1500 seine Uhr.
5. ***Kirche Saint Denis.*** Ursprünglich ein heidnischer Kultplatz, dann Ort einer von St. Martin im 4. Jh. gegründeten Basilika. Im 12. Jh. wurde die jetzige romanische Kirche gebaut.

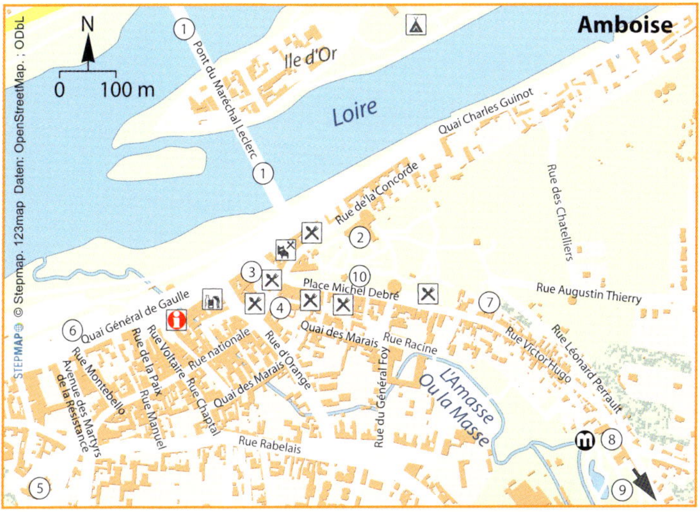

⑥ ***Max-Ernst-Brunnen***. Geschaffen 1967 von Max Ernst (1891–1976), deutscher Maler und Bildhauer, der sich dem Dadaismus und Surrealismus verschrieb. Die Tiere des Brunnens sollen einen Traum- und Spielplatz für Kinder darstellen, bewacht von einem guten Genius an der Spitze.

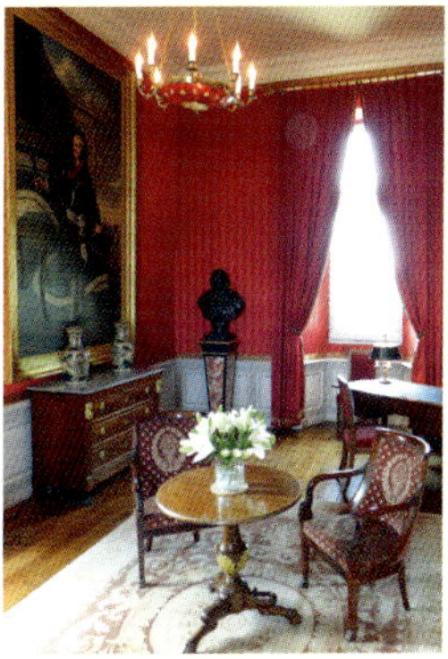

⑦ ***Höhlenwohnungen,*** bis ins 20. Jh. von Arbeitern der Gerbereien am Bach Amasse, bewohnt. Bestehend aus oft nur einem Raum, werden heute als Weinkeller genutzt.

⑧ ***Château Clos Lucé (Mitte 15. Jh.).*** Ab 1490 Wohnsitz von Anne de Bretagne, von 1516 bis zu seinem Tod 1519 Wohn- und Schaffensort von Leonardo da Vinci, der von Francois I. nach Amboise eingeladen wurde. Beherbergt heute umfangreiche Leonardo da Vinci-Ausstellung (www.vinci-closluce.com).

⑨ ***Château Gaillard (16. Jh.).*** Nach seiner Italienreise 1496 ließ König Charles VIII. den 15 Hektar großen Renaissance-Park anlegen und den ersten Orangenbaum Frankreichs pflanzen.

⑩ ***Le Caveau des Vignerons de Amboise***. Zusammenschl. von 12 Kellereien.

Office de Tourisme Val d'Amboise, Quai du Général de Gaulle, 37400 Amboise, Tel. +33 (0)2 47 57 09 28, www.amboise-valdeloire.com

Königliches Schloss von Amboise

Schon in vorchristlicher Zeit entstand auf dem Felsvorsprung über der Loire eine große neolithische Festung, wie in Ausgrabungen nachgewiesen wurde. Gemäß einer Chronik schlug Julius Caesar im Jahre 51 v. Chr. nach der Belagerung von Bourges hier ein Lager auf und baute später eine Palastfestung. Ende des 9. Jh. wurde der Bau von den Normannen zerstört. Louis II. von Frankreich baute die Burg wieder auf. Im Mittelalter war die Festung von den Rivalen Herzog von Anjou und Graf von Blois schwer umkämpft.

König Karl VIII. gab im Jahre 1491 den Auftrag für die umfangreiche Erweiterung der mittelalterlichen Befestigungsanlage, dem Schloss seiner Kindheit. Das heutige Schloss stammt aus dem 15. und 16. Jh. **Amboise** war Wohnsitz mehrerer Könige und Schauplatz wichtiger Ereignisse im politischen und königlichen Leben. Die trutzige Festung gewährte den Königen und ihren Familien Schutz und Sicherheit. Ab 1660 nutzte man das Schloss als Staatsgefängnis. Nach der Revolution wurde es enteignet und große Teile abgerissen.

Das Schloss kann besichtigt werden, die Räume sind im Stil der Zeit möbliert und ausgestattet, der deutschsprachige Besichtigungsführer und vor allem der Audioguide nimmt den Besucher mit in die Zeit der französischen Könige. Von den Terrassen hat man einen fantastischen Blick auf die ***Loire***.

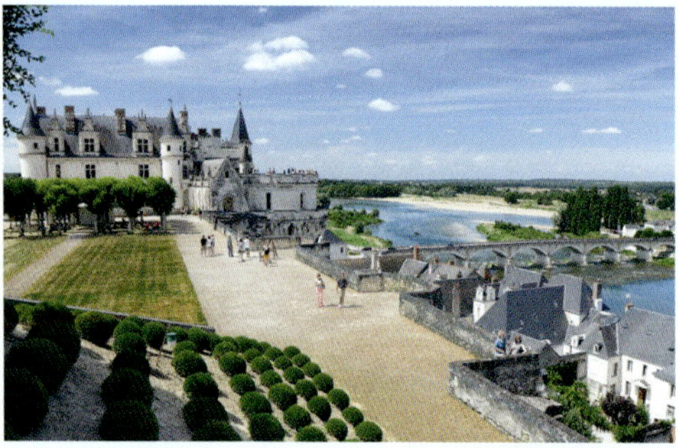

Im Schlosshof werden abends stimmungsvolle Bühnenshows aufgeführt. Sie erwecken die Zeit der Renaissance zum Leben mit all ihrem Pomp und Intrigen.

km 68,3/278,9

?? Brücke

Nur nach Begutachtung fahrbar

Um auf der Loire weiter zu fahren, muss die ***Durchfahrt der Bogenbrücke*** ***Pont du Maréchal Leclerc*** ***vorher unbedingt begutachtet*** werden. Die beiden alleine stehenden Brückenpfosten zuvor befährt man am besten mittig, da rechts Steine im Flussbett liegen. Eine Durchfahrung der Bogenbrücke im linken Flussarm ist normalerweise im 2. Bogen von rechts möglich *(als 1. Bogen wird der trocken liegende gezählt)*. ***Bitte auf die sich davor im Wasser befindlichen ehemaligen Brückenfundamente achten!***

Hinter **Amboise** folgen 12 Kilometer einsame Flusslandschaft. Zwar wird diese auf beiden Seiten von Straßen begleitet, sie verstecken sich jedoch meist hinter bewaldeten Ufern. Weite Sandbänke und Inseln tragen zum Eindruck der Einsamkeit und wilden Natur bei. Auf den Inseln finden sich schöne Rastplätze.

Das Kieswerk bei **Noizay** erinnert an die Zeit, als in der ***Loire*** intensiv Sand und Kies gefördert wurde.

km 74,3/272,9
47°24'05,2"N-0°54'38,7"O

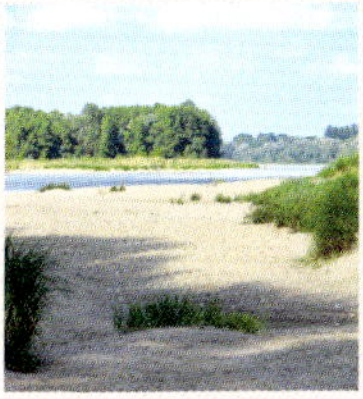

*Bereits im 17. Jh. begann der massive Abbau des hochwertigen **Loiresandes**, der für die Bauwirtschaft und später auch für die Landwirtschaft zur Bodenverbesserung genutzt wurde. 1972 wurden 5 Millionen Tonnen Sand allein in den Départements Maine-et-Loire und Loire-Atlantique abgebaut. Aus Umweltschutzgründen stellte man den Raubbau 1992 völlig ein.*

Knapp 3 km hinter dem Kieswerk beginnt eine *„zone protégée"*. Sie beginnt dort, wo sich links die D 751 auf ihrem buschigen Uferdamm vom Fluss abwendet und Raum schafft für eine breitere Vegetationszone. Hier darf nicht biwakiert werden und Inseln und Kiesbänke sollten nicht betreten werden.

km 77/270,2
Naturschutzgebiet

Das ***Château d'Eau***, ein Wasserturm der sich bald auf der linken Flussseite erhebt sowie das ***Château de Bondésir*** *(Hotel)*, hoch auf den Felsen, stehen am östlichen Ortsrand von Montlouis-sur-Loire. Dann kommen auch die Kirche und die Eisenbahnbrücke am westlichen Ortsende in Sicht.

Mit **Montlouis-sur-Loire** erreichen wir den Hauptort des gleichnamigen Weinanbaugebietes mit AOC-Status *(Appellation d'Origine Contrôlée)*, das sich zwischen ***Loire*** und ***Cher*** ausbreitet. Hier werden Weiß- und Schaumweine aus der ***Rebsorte Chenin Blanc*** hergestellt.

km 80,6/266,6

Der kürzeste Weg in die Stadt beginnt vor einer vorspringenden Baumreihe. Direkt auf der gegenüberliegenden Straßenseite liegt die ***Tourist-Info*** und die *Rue Abraham Courtemanche* führt zur ***Kirche***. Direkt neben der Tourist-Info bietet die *Cave des Vignerons*, ein Zusammenschluss von 25 Weinbauern, in einer *Sandsteinhöhle Weinverkostungen* an *(10–13, 14–19)*. Entlang der D 751 Richtung Osten *(flussauf)* finden sich weitere *Weingüter*, die Verkostungen anbieten sowie ein kleiner ***Bioladen*** *(Di–Fr 10–13+14–19, Sa 9–13, +33 (0)2 47 50 71 36)* und nebenan das

47°23'27,5"N-0°49'49,9"O

Tuffsteinhöhlen

Biolinet

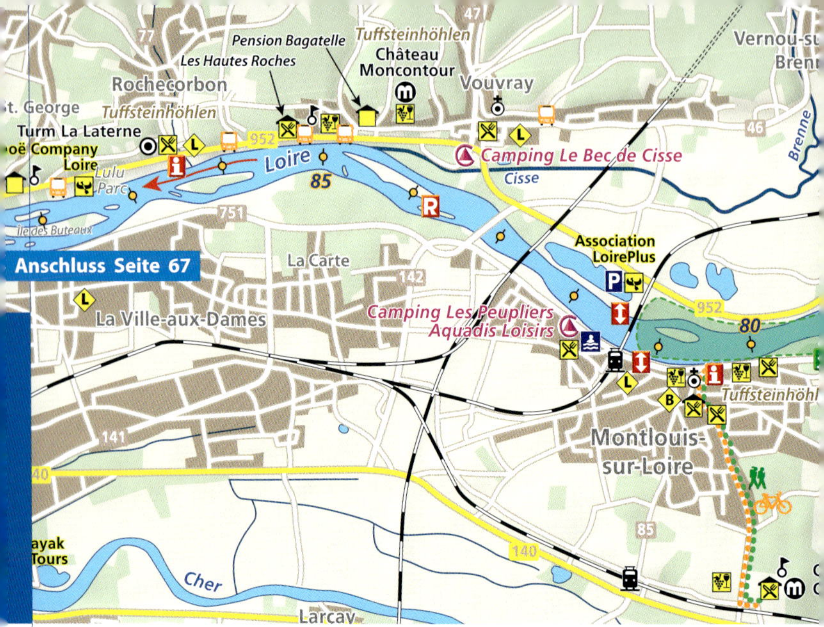

Maison de la Loire
+33 (0)2 47 50 97 52
Mo–Fr 9–12, 13–17

„Maison de la Loire" mit kleiner *Naturausstellung*. In den engen Sträßchen rund um die ***Kirche*** warten noch ein kleines Lebensmittelgeschäft, ein Bäcker und verschiedene Restaurants auf Kunden.

*Die **Kirche Saint-Laurent** stammt aus dem 12., 16. und 19. Jh., dabei ist das Chorhaupt der älteste Teil. An den Wänden findet sich ein mit einer Glasscheibe geschütztes Graffiti aus dem 18. Jh., das ein Loire-Schiff zeigt.*

Conservatoire de la Tomate im Schloss Bourdaisière
+33 (0)2 47 45 16 31

Etwa drei Kilometer Richtung Süden sind es von hier zum *Château de la Bourdaisière* (16. Jh.) inmitten eines herrlichen alten Parks gelegen. Prinz Louis-Albert de Broglie züchtet mehr als 500 alte Tomatensorten, die fast in Vergessenheit gerieten. Im September, zur Fête de la Tomate, kann man sie probieren.

47°23'28,4"N–0°49'16,4"O

„Lidl"
Mo–Sa 8.30–19.30

km 81,3/265,9

Eine gute *Ein-/Aussetzstelle* nahe des *Bahnhofs* und der beste Ausstieg für einen *„Lidl"*-Einkauf ist an einer kleinen Rampe direkt hinter den letzten Bäumen vor der Brücke links. Von dort kann man hoch zur Straße und nach rechts in Richtung des großen Lidl-Schildes oder Bahnhofes gehen. Vor und hinter der Eisenbahnbrücke mit insgesamt 13 Bögen liegen viele kleine Inselchen im Fluss. Unsere

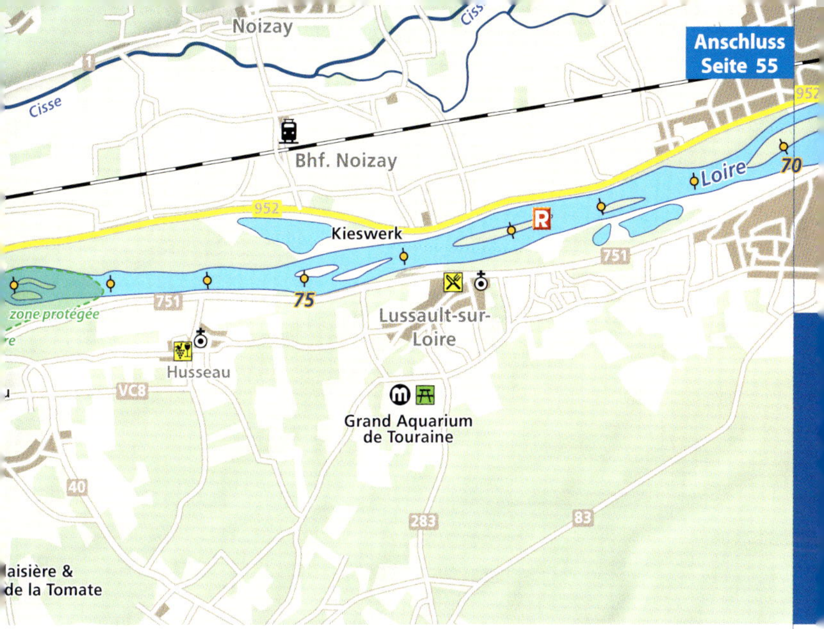

Durchfahrt verläuft entweder durch den ersten Bogen von links oder, wenn kein Stopp in **Montlouis** geplant ist, durch den dritten Bogen von rechts, was anschließend eine gerade Durchfahrt zwischen den Inselchen hindurch ermöglicht.

Brücke
1. Bogen links fahrbar, um nach Montlouis zu gelangen

Die Basis des *Kanuvermieters „LoirePlus“* befindet sich hinter der Brücke auf der rechten Seite in einem alten Bahnhofsgebäude, das vom Fluss aus nicht zu sehen ist. An dem Weg zum Fluss, 60 m hinter der Brücke, lassen mehrere Kanuvermieter ihre Boote zu Wasser.
Da die Ortsdurchfahrt von Tours lang ist und sich keine Übernachtungsmöglichkeiten bieten, sollte man sich schon bald einen Übernachtungsplatz suchen. Der erste von zwei Campingplätzen, noch zu **Montlouis** gehörend, schließt sich direkt hinter der Brücke auf der linken Seite an.

Association LoirePlus
+33 (0)6 08 62 95 15

Der *Campingplatz Les Peupliers* liegt am Hochufer auf der anderen Seite der Uferstraße. Der Ausstieg befindet sich 600 m hinter der Brücke auf der linken Seite. An dieser Stelle ist eine kleine Ansammlung von Straßen- und Hinweisschildern vom Fluss aus zu sehen. Ein Trampelpfad führt zu einem Wiesenweg und dieser hoch auf eine Kreuzung

km 81,9/265,3

Camping* Les Peupliers**
+33 (0)2 47 50 81 90

mit Wendeplatz. Oben überqueren wir die D 751 und wenden uns auf die Zufahrtsstraße nach links, nach knapp 300 m ist der Campingplatz erreicht. Dort gibt es eine Pizzeria und ein Freibad. Vom Platz aus sind der *Bahnhof* von **Montlouis** mit Zugverbindung nach Tours und der zuvor beschriebene *„Lidl"* zu Fuß *(650 m)* gut zu erreichen.

Brücke Brücke
problemlos fahrbar

Die folgenden beiden *Brücken* unterpaddeln wir problemlos.

km 83,8/263,4
47°24'16,3"N–0°47'27,0"O

Ein schöner Rastplatz findet sich auf der kleinen Insel, an der man links entlangpaddelt.
Um zum Campingplatz von **Vouvray** zu gelangen, fährt man jedoch rechts um die Insel herum.

km 84,5/262,7
47°24'28,2"N–0°47'48,4"O

Camping**
Le Bec de Cisse
+33 (0)2 47 35 55 32

Von rechts strömt die ***Cisse*** in die ***Loire***, dort, etwa 1,1 km die ***Cisse*** aufwärts, liegt der *Campingplatz Le Bec de Cisse.* Die ***Cisse***, ein romantisch zugewachsener schmaler Fluss, weist kaum Strömung auf. Wer an der vorherigen Loire-Insel links vorbeigepaddelt ist, muss die ***Loire*** ein kleines bisschen flussauf paddeln. Der Ausstieg an der ***Cisse*** liegt links kurz vor einer Brücke an einem kleinen lehmigen Plateau, ein Tor mit Zugang zum *Campingplatz* befindet

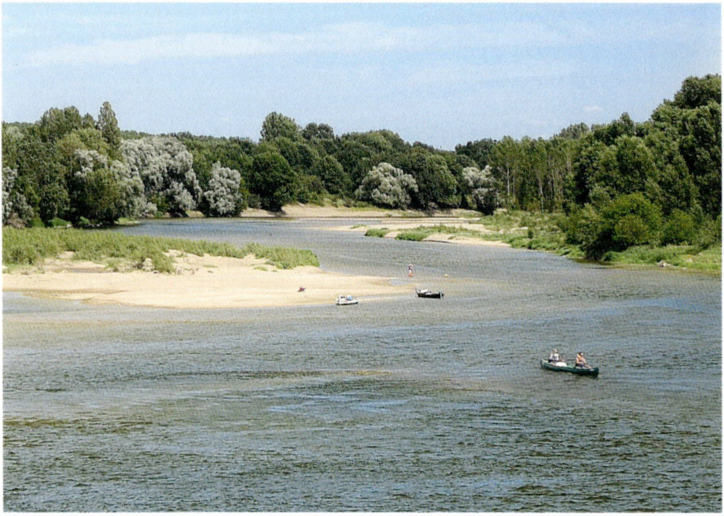

Im Sommer ein beliebtes Ziel auch für Tages- und Kurztouren – die weite Landschaft der Loire.

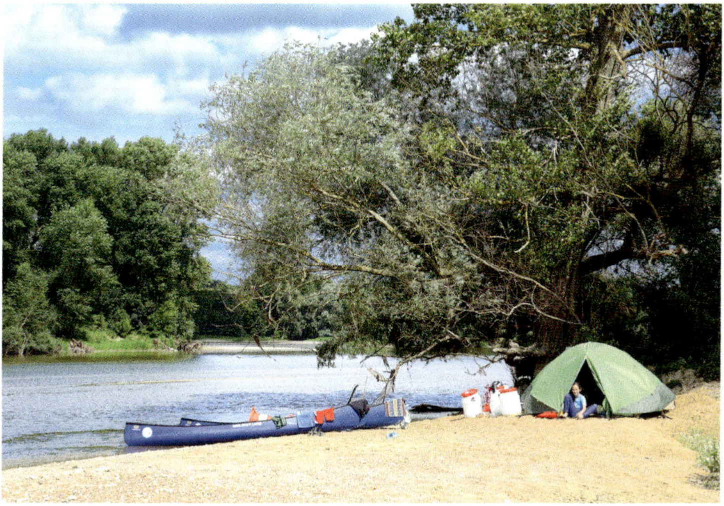

Sonnenschein, Sand und unberührte Natur – ein idyllisches Plätzchen am Fluss.

sich 50 Meter oberhalb. Der Platz hat durch Hecken getrennte Stellplätze, ist sehr ruhig und naturnah.

Von hier sind es wenige hundert Meter bis in den Ort **Vouvray** in dem mehrere Restaurants zum Essen einladen. In der bekannten *Weinkellerei Château Moncontour* kann man zur Weinprobe einkehren oder das *Museum zur Weinherstellung* in Tuffsteingewölben besuchen.

Apr–Mitte Sep
Mo–Fr 9–11^30, 13^30–18
Sa+So 10–11^30, 14^30–18

Wer statt des Zeltes ein weiches Bett bevorzugt, legt genau auf Höhe der Spitze der Insel, 200 Meter unterhalb der ***Cisse***-Mündung, an einem Weg unter Bäumen an. Oben an der Straße hält man sich erst rechts, biegt dann in die *Rue les Patys* nach links ein und geht geradeaus bergauf um zur *Pension Bagatelle*, einem romantischen Haus aus dem 18. Jahrhundert, zu gelangen. Hausgäste können den hübschen Garten und den *Pool* nutzen. Das Haus liegt mitten im Weingebiet des ***„Chenin Blanc"***, einer besonders alterungsfähigen Rebsorte, die hervorragende Weißweine hervorbringt.

47°24'36,2"N–0°46'46,9"O

Pension Bagatelle
+33 (0)2 47 27 04 43

Von **Vouvray** gibt es regelmäßige *Busverbindungen* nach **Tours** (Infos: www.filbleu.fr).

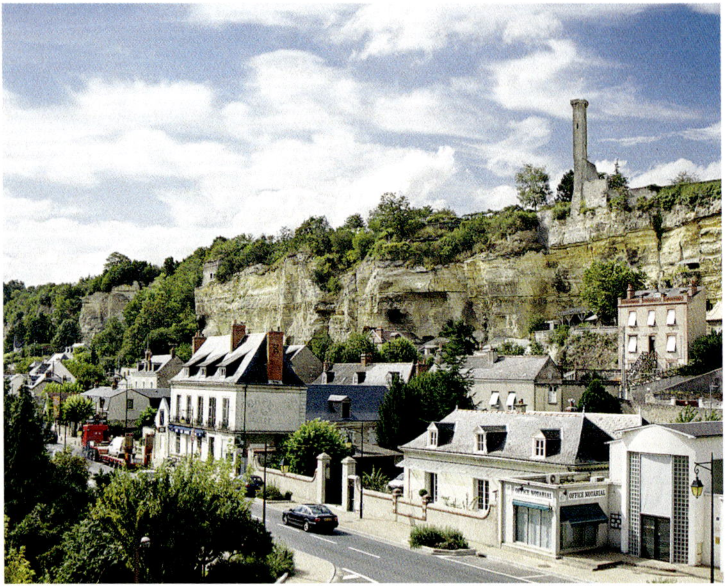

Der Turm La Laterne thront über der Loire und bewacht Höhlen im Sandstein und den langgestreckten Ort Rochecorbon.

km 86,4/260,8
47°24'35,9"N–0°46'28,9"O

Hôtel** Restaurant Les Hautes Roches**
+ 33 (0)2 47 52 88 88

Der Ort **Rochecorbon** zieht sich auf den fast vier folgenden Kilometern entlang des rechten Flussufers. In dem vom Wasser aus gut sichtbaren ***Hotel-Restaurant*** schläft man teils in sehr edlen, in den Tuffstein des dahinterliegenden Berges eingelassenen Zimmern.
Aussetzen ist an einer Treppe möglich. Da das Flussufer bewachsen ist und nicht von Badegästen genutzt wird, könnten Kanus evtl. an einen Baum geschlossen am Fluss verbleiben.
Vom Fluss aus gesehen 100 m rechts des Hotels wartet die ***Domaine Marc Bredif*** *(Mo–Sa 10.30–12, 14.30–18)*, Hersteller edler Weine, auf Kunden.

Mehrere der ***Höhlenwohnungen*** oberhalb der Straße sind vom Fluss aus zu sehen.
Die ***Loire*** schlängelt sich nun an einer dichten Folge von Inseln vorbei, ab hier rechts halten. Wer immer noch keinen Übernachtungsplatz gefunden hat, hat noch letzte Chancen auf den Inseln.

Auf dem hohen Flussufer thront der ***Turm La Laterne***, der letzte Rest einer mittelalterlichen Festung.

Auf dem ideal zu verteidigenden Hügel wurde die Festung im 11. Jh. gebaut, der 10 Meter hohe zinnengekrönte **Turm La Laterne** *diente als Wachturm in der südwestlichen Ecke des von Schutzmauern umgebenen Gevierts. Es ist nicht eindeutig, ob er im 15. Jh. aufwendig renoviert oder erst nachträglich ergänzt wurde.*

An einer Rampe mit Ponton unterhalb des Turmes erreichen wir den kürzesten Weg zur Tourist-Information von dem sich unterhalb der Tuffsteinwände erstreckenden Ort **Rochecorbon**, wo schon in vorchristlicher Zeit eine gallische Siedlung bestand. Die natürlichen *Tuffsteingrotten* der Gegend waren schon in der jüngeren Steinzeit bewohnt, waren aber auch als perfekte Weinkeller jahrhundertelang beliebt.

Tuffsteinhöhlen

Die langgestreckte ***Île des Buteaux*** links liegen lassend, paddeln wir bald am ***Vergnügungspark „LuLu Parc"*** vorbei, der in der Hochsaison bei gutem Wetter nicht nur durch die Bäume zu sehen, sondern auch zu hören ist. Hier befindet sich der *Kanuvermieter „Canoë Company Loire"*, der sowohl für kurze wie auch lange Strecken vermietet.

Canoë Company Loire
+33 (0)6 70 13 30 61

Vor der nächsten Sandbank rechts und ehe die Straße wieder direkt an der ***Loire*** verläuft, erreichen wir die Ausstiegsstelle für das *Hôtel Les Fontaines.* Hier ankern oft historische Boote. Wir folgen dem Feldweg in einer Rechtskurve hoch zur Straße, gleich gegenüber befindet sich der Eingang zum Hotel. Die Kanus müssen am Fluss an Bäumen angeschlossen werden.

47°24'15,1"N–0°44'07,6"O

Hôtel Les Fontaines
+33 (0)2 47 52 52 86

Danach beginnt auf beiden Seiten das Stadtgebiet von **Tours**, die Turmspitzen der Kathedrale erheben sich schon jetzt an manchen Stellen über den Uferwald.

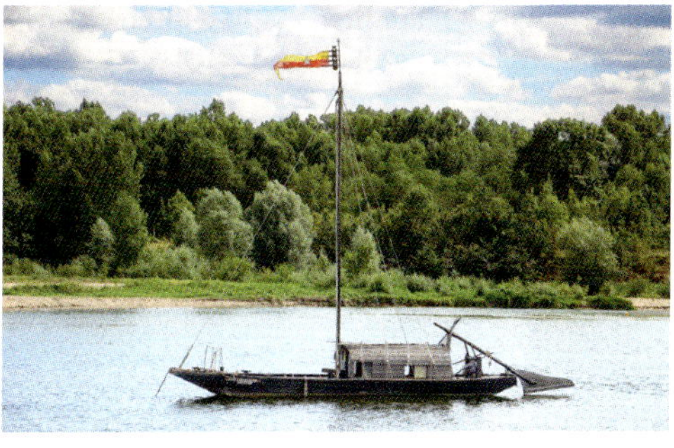

Eine historische Toue Cabanée wartet auf Touristen.

Für Paddler wird die Stadt vor allem durch die recht dichte Abfolge von sieben Brücken gekennzeichnet, wobei die letzten beiden schon die Orte **St.-Cyr-sur-Loire** *(rechts)* und **La Riche** *(links)* verbinden, die sich nahtlos an **Tours** anschließen. Abgesehen von den vielen Brücken verbirgt sich die Stadt erstaunlich oft hinter Bäumen, das Zentrum natürlich ausgenommen.

Brücke Brücke
mittig fahren
km 91,4/255,8
links halten

Die ersten beiden *Brücken* sollte man im rechten Arm mittig fahren, sich dann aber unbedingt links halten! 500 Meter weiter an der *Fußgängerbrücke* gibt es auch keine Probleme, jedoch weiterhin unbedingt links halten!

!!!
47°23'52,0"N–0°41'29,4"O
km 92,1/255,1
?? Brücke
Fahrrinne vorher ausgucken, umtragen ab Ausstieg möglich
(600 m)

Ein Ausstieg links an der Ufermauer, 50 m hinter der Fußgängerbrücke, ist absolut notwendig, um die ***Durchfahrt der Bogenbrücke* Pont Wilson *zu begutachten und die beste Fahrrinne auszugucken***. Die *Pont Wilson* ist in der Regel im ersten Bogen links fahrbar!
Umtragen auf der Uferpromenade vom Ausstieg ist problemlos, aber weit *(knapp 600 m, Bootswagen!)*. Direktes Umtragen an der Brücke ist sehr schwierig wegen der etwa zwei Meter hohen Ufermauern.

Brücke

In **Tours** gibt es zwei halbwegs wassernahe Unterkünfte *(siehe Adressen)*, da das Kanu jedoch wegen Platzmangel am Ufer verbleiben muss, wird diese Option eher nicht in Frage kommen.

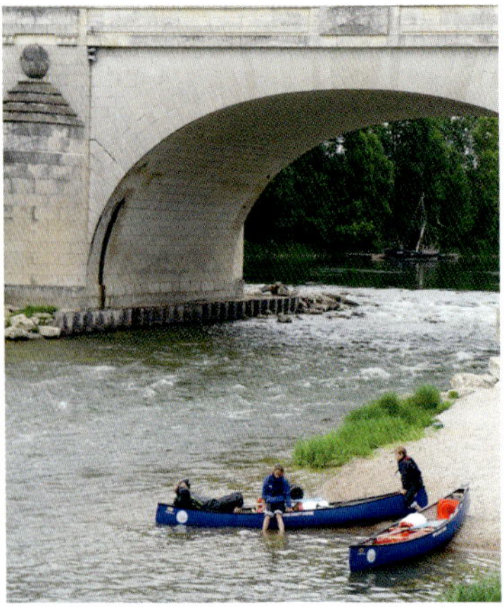

Kurze Pause nach der Durchfahrt unterhalb der Pont Wilson.

In den Sommermonaten laden *Straßencafés* unmittelbar hinter der ***Pont Wilson*** zur Einkehr. Feinschmecker versäumen keinesfalls einen Besuch der ***Markthallen „Les Halles"***!
Der beste Platz zum *Ausstieg* für eine Stadtbesichtigung ist vor der nächsten *Brücke* *(Pont Napoleon)* auf der Insel ***Île Simon***. Auf ihr befindet sich der städtische Park ***„Parc municipal de l'Île Simon"***, dieser ist über einen asphaltierten Zugang an die Brücke mit Fußgängerwegen angebunden. Im Sommer gibt es auch eine Bootsverbindung von der ***Île Simon*** zur Stadt.

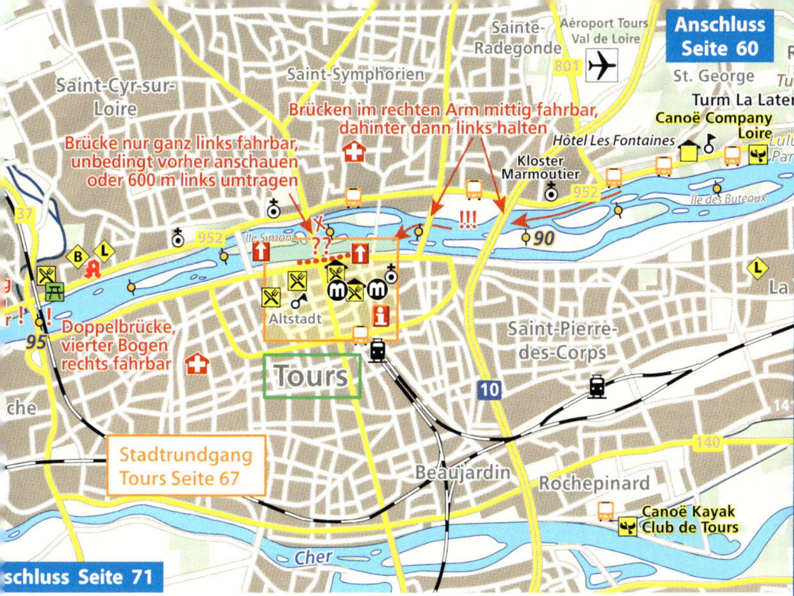

Blick auf Tours

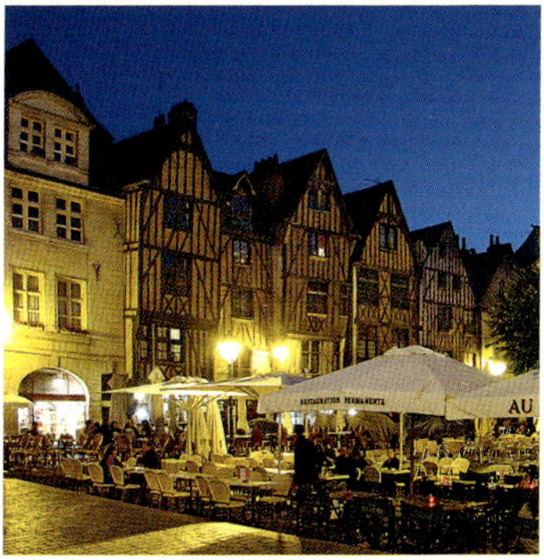

Tours ist mit fast 140.000 Einwohnern die mit Abstand größte Stadt, die wir passieren. Der Name leitet sich von den Turonen ab, einem keltischen Stamm. Der Ort lag schon damals an einem wichtigen Straßenknotenpunkt.

Die Römer bauten hier eines der größten Amphitheater ihres Reiches, dessen Überreste 1855 unmittelbar hinter der heutigen Kathedrale gefunden wurden.

Im Mittelalter gelangte Tours als ehemaliger Bischofssitz und Grabstätte des Hl. Martin zu großer Bedeutung. Zu Zeiten Karls des Großen wurde Tours Mittelpunkt der karolingischen Renaissance, des kulturellen Aufschwungs im Frühmittelalter, der Sprache, Literatur und Baukunst betraf. Bis zu den Religionskriegen im 16. Jh. blieb Tours eine Stadt der Künste, die dann massiv geplündert und zerstört wurde.

Der Anschluss an die Eisenbahn 1845 ermöglichte eine schnelle industrielle Entwicklung der Stadt. Im Zweiten Weltkrieg schwer zerstört, wurde sie anschließend wieder aufgebaut und eine Universität gegründet.

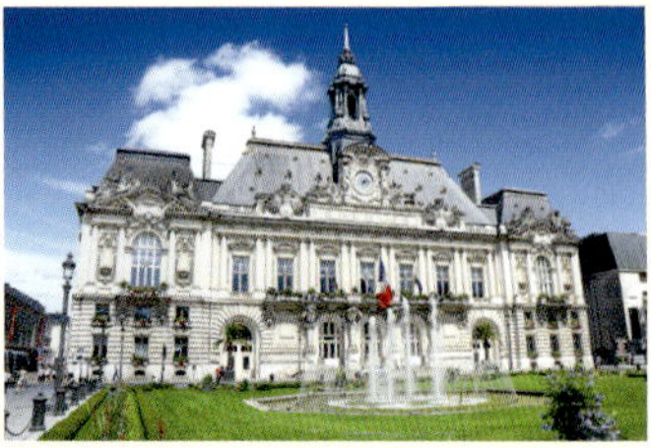

(1) ***Bogen-Brücke Pont Wilson***. Erbaut zwischen 1765 und 1778, 15 Bögen, 434 Meter lang.

(2) ***Musée Compagnonnage.*** Handwerkliche Meisterleistungen aus allen Jahrhunderten, in der früheren Abtei Saint-Julien.

(3) ***Château de Tours (11. Jh.)*** mit Merkmalen karolingischer Architektur. Ort wechselnder Ausstellungen zu Malerei, Fotografie, Keramik, Archäologie, zeitgenössischer Kunst.

(4) ***Gotische Kathedrale von Tours.*** Geweiht dem Heiligen Gatianus, erster Bischof von Tours. Nach Abbrand dreier Kirchen am selben Ort wurde Anfang des 13. Jh. die heutige Kathedrale errichtet, Chor und Apsis Ende des 13. Jh., im 15. Jh. das Dachgewölbe über dem Hauptschiff und die 70 Meter hohen Türme 1507/9.

(5) ***Musée des Beaux Arts*** im ehem. Bischofspalast (18. Jh.). Der Park kann ohne Eintritt betreten werden, im Hof riesige Libanon-Zeder (1804).

(6) ***Hôtel de Ville.*** Monumentales Gebäude, erbaut zw. 1896 und 1904.

(7) ***Palais de Justice.*** Gebäude im neoklassizisischen Stil (1840–1843).

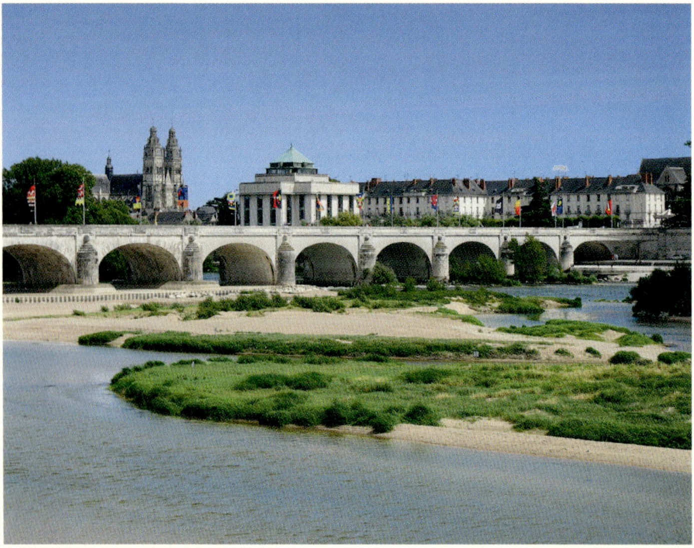

Über der Pont Wilson erheben sich die Bibliothek und die Kathedrale von Tours.

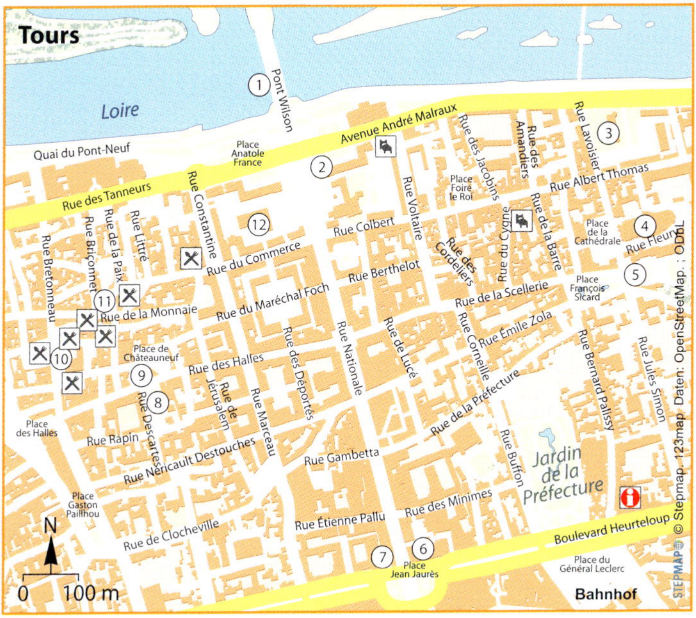

(8) ***Basilika St. Martin.*** Ursprüngliche Basilika über der Grabstätte des Heiligen Martin (seit 372 Bischof von Tours) erbaut. Im Mittelalter eine der größten christlichen Kirchen und erster großer Wallfahrtsort der Christenheit. Während der Revolution zerstört und das Grab vergessen. Nachdem 1860 wiedergefunden, jetzige Basilika 1887–1902 im römisch-byzantinischen Stil erbaut.

(9) ***Tour Charlemagne (11. Jh.).*** Nordturm der ehemaligen Basilika St. Martin, der die Zerstörung 1798 u. 1802 überstand. Trägt seinen Namen, weil er über dem Grab Luitgardes, der Frau Karls des Großen, erbaut wurde.

(10) ***Place du Grand Marché.*** Alter Marktplatz mit historischen Gebäuden, große Auswahl an Straßencafés und Restaurants.

(11) ***Place Plumereau.*** Zentrum des Quartiers St. Martin mit mehreren denkmalgeschützten Fachwerkhäusern (15. Jh.). Terrassencafés beliebt bei Touristen und Studenten.

(12) ***Musée CCCOD.*** Museum für zeitgenössische Kunst.

Office de Tourisme de Tours, 78-82 rue de Bernard Palissy, 37042 Tours, Tel. +33 (0)2 47 70 37 37, www.tours-tourisme.fr

km 92,8/254,4

Brücke **mittig fahren, auf Hindernisse achten**

Die *Beton-Brücke „Pont Napoleon"*, die über die Insel ***Île Simon*** führt, fahren wir im südlichen Flussarm mittig, achten dabei auf Hindernisse und halten uns ab jetzt rechts.

Mo–So 9–21

Mo–Sa 7–15, 18–23
Sa ab 11

Etwa 650 Meter vor den nächsten zwei Brücken befindet sich am nördlichen Ufer ein *Supermarkt* oberhalb einer breiten Treppe, die zum Fluss führt *(grünes Apothekenschild zu sehen)*. Knapp 90 m vor den Brücken finden sich eine *Pizzeria* und ein Picknickplatz mit Tischen.

km 95/252,2

Brücke Brücke **4. Bogen von rechts fahren**

Achtung hinter der Brücke rechts Pfosten im Wasser

Die *Eisenbahnbrücke* mit *15 Steinbögen* und direkt dahinter die moderne *Straßenbrücke* unterfahren wir im vierten Bogen von rechts. Eigentlich ist es der fünfte, aber der erste ist rechts hinter Bäumen verborgen und vom Fluss aus kaum zu erkennen.
Hinter der Straßenbrücke achten wir rechts auf eine aus dem Wasser ragende ***Pfostenreihe***.

Jetzt haben wir alle Brücken von **Tours** und seinen Vororten hinter uns gelassen und die Einsamkeit am Fluss hat uns zurück. Die Ufer sind baumbestanden, die Straßen weichen zurück, von der umliegenden Zivilisation und landwirtschaftlichen Nutzung bekommen wir am Fluss kaum etwas mit.

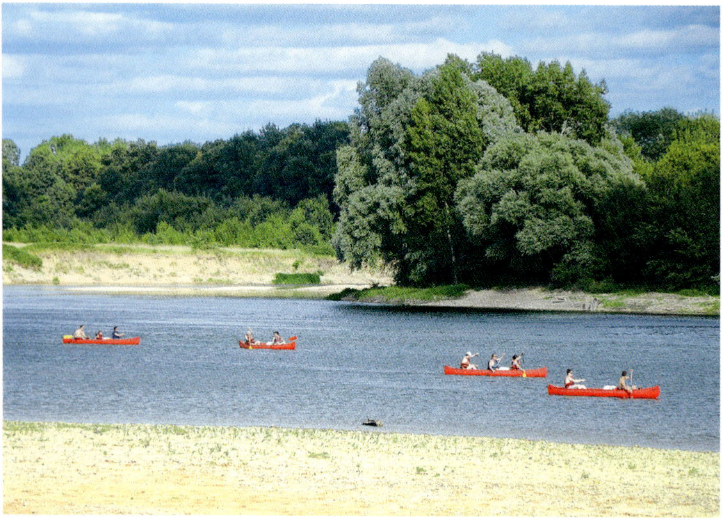

Auch größere Gruppen genießen die faszinierende und abwechslungsreiche Loire.

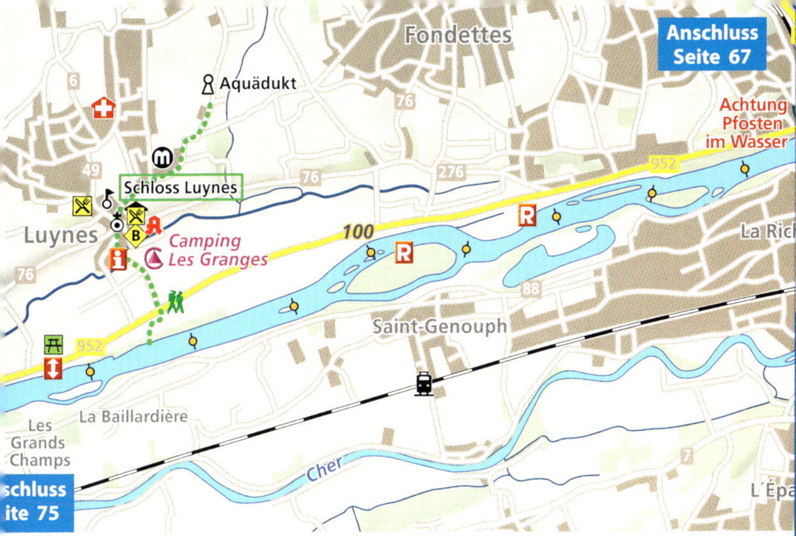

Etwa drei Kilometer hinter der letzten Brücke erreichen wir auf der rechten Seite einen schönen baumbestandenen Rastplatz auf dem sandigen Ufer. 47°23'03,7"N–0°36'32,1"O R

An einer Insel mit markantem Steilufer 500 Meter weiter fahren wir rechts vorbei. Ihre Ufer werden im Verlauf flacher und bieten weitere schöne Rastplätze. R

Unmittelbar am Ende der Insel halten wir auf die Häuser am linken Hochufer zu, denn im rechten Flussbereich finden sich jetzt viele Sandbänke, die Rast- und Brutplätze für Vögel sind und nicht betreten werden dürfen.

km 102/245,2
47°22'28,1"N–0°33'34,1"O
Bauernmarkt Sa vormittag

Etwa am Ende der Sandbänke liegt rund einen Kilometer vom Fluss entfernt der Ort **Luynes**. Dort können ein imposantes ***Schloss*** *(Privatbesitz, für Besucher geöffnet)*, ***Reste eines römischen Aquädukts***, die ***Kirche Sainte-Geneviève (1874)*** und die ***Markthalle*** (15. Jh.) besichtigt werden. Dazu wurde extra ein markierter **Rundweg** im Ort angelegt.

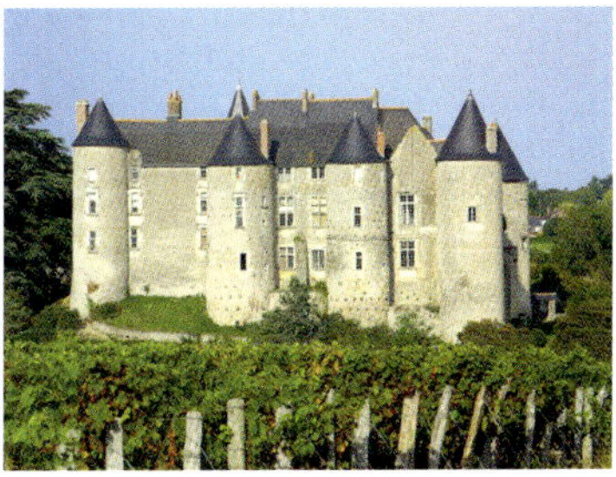

Um auf kürzestem Weg in den Ort zu kommen, muss man zuerst einem kaum sichtbaren Fußpfad durchs Ufergras, dann einem Feldweg zur Straße 952 folgen. Hier geht man die Straße Richtung Norden, vorbei am Campingplatz und erreicht 800 Meter weiter das *Schloss* von **Luynes**.

*Die trutzige **Festung Luynes** (12. Jh.) hat einen viereckigen Mauerkranz, der an drei Seiten mit Rundtürmen gesichert ist. Der ursprüngliche Festungsturm wurde im 17. Jh. abgerissen und die bis dahin offene Südseite mit einem Flügel im klassizistischen Barock verschlossen. Das Schloss ist im Privatbesitz des Herzogs von Luynes.*

Nordöstlich der Stadt stehen auf knapp 300 Meter Länge Reste eines römischen Aquädukts aus dem 2. Jh., der der Wasserversorgung Tours diente. Er wurde über die Jahrhunderte mehrfach restauriert. Seine pyramidenförmigen Stützsäulen sind teils noch mit Bögen verbunden, 6 der 9 vorhandenen Bögen befinden sich im Originalzustand.

Gutes Ein- und Ausbooten ist knapp 1,5 km unterhalb von **Luynes** bei **St. Etienne de Chigny** möglich. Eine breite Rampe führt in den Fluss, weiter oben findet sich ein *Picknicktisch*. Meist liegen hier zwei historische Boote vor Anker. Auf den nächsten 1,5 Kilometern kommt die Uferstraße, teilweise durch Bäume verborgen, immer wieder in Sicht. Dafür wirken die Sandbänke und Inseln auf der linken Flussseite umso wilder und uriger.

km 107/240,2
47°21'33,9"N–0°30'01,2"O
R

An einem Fahrweg links der ***Loire***, der u.a. von Anglern genutzt wird, gibt es mehrere ebene Stellen, um das Zelt für ein Biwak aufzubauen.

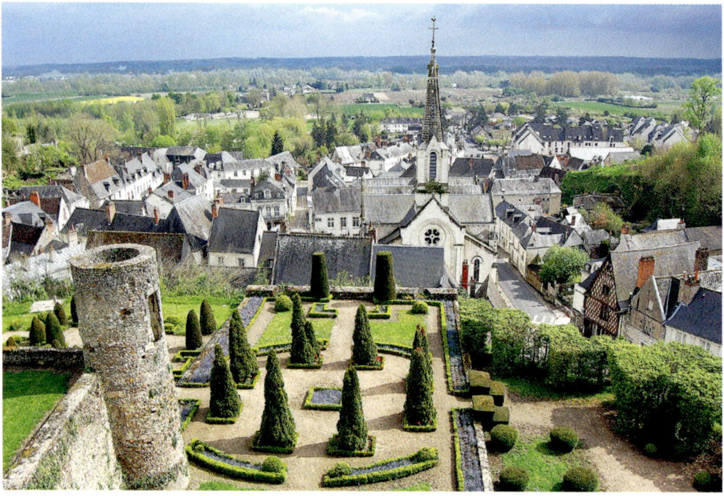

Blick über die Schlossgärten auf die Dächer von Luynes.

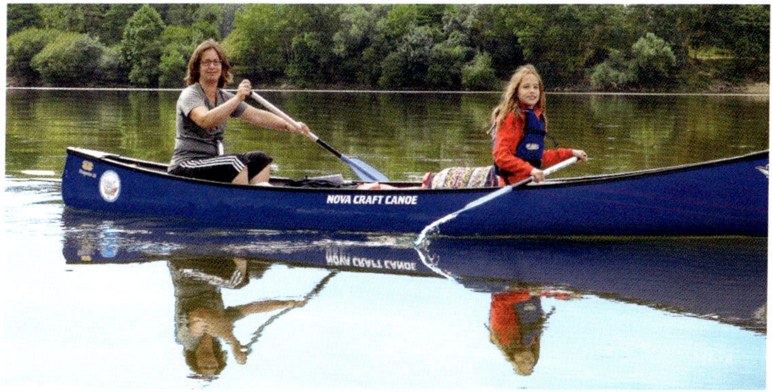

Ruhiges Dahingleiten – so macht Kanufahren Spaß!

km 107,7/239,5
47°21'26,0"N–0°29'19,5"O

Pension La Closerie de la Véronique
+33 (0)2 47 96 32 71

Das hinter einer Sandbank in die ***Loire*** mündende Flüsschen ***Bresme*** nehmen wir kaum wahr, konzentrieren uns aber 500 m weiter auf den Ausstieg zu einer hübschen *Pension*, die sich im ehemaligen herrschaftlichen Wohnsitz eines Apothekers aus dem 17. Jh. befindet, in dessen Garten man gemütlich in Sandsteinnischen sitzen kann. Der Ausstieg liegt etwa 500 m unterhalb der Stelle, wo die Uferstraße auf der rechten Seite wieder direkt an der ***Loire*** verläuft, was durch eine vorgelagerte Sandbank und eine schmale Reihe dichten Buschwerks aber gut verborgen bleibt.

Etwa 400 Meter vor der folgenden Eisenbahnbrücke kann man rechts den 30 Meter hohen römische Turm von **Cinq-Mars-la-Pilé** sehen, der dem Ort seine Namensergänzung gab. Der einen Kilometer vom Ufer entfernte Ort erstreckt sich von hier aus flussabwärts.

*Der aus 104.000 Ziegelsteinen erbaute rechteckige Turm **Pile de Cinq-Mars** stammt aus dem 2. oder 3. Jh. und wird als Rest eines Grabmonumentes für eine hochrangige Persönlichkeit gedeutet.*

km 109/238,2

Unmittelbar hinter der Eisenbahnbrücke, die durch alle Joche fahrbar ist, fließt von links der Fluss ***Cher*** hinzu. Wegen geringer Strömung kann er auch flussauf befahren werden, etwa 700 m sind es bis zum Aussetzpunkt für die **Wanderung** *(hin und zurück 5,2 km, siehe nächste Seiten)* zum ***Menhir „Pierre aux Joncs"*** .

Abstecher in den Fluss Cher, Wanderung Menhir *(5,2 km)*

Wir legen rechts noch vor der Linkskurve an und folgen dem kleinen Weg am Ufer nach Südosten bis zur Pflasterstraße. Diese gehen wir nach Nordosten und biegen beim Asphaltsträßchen nach rechts. An der Durchgangsstraße D 7 halten wir uns wieder rechts, knapp 150 m weiter führt ein verwachsener ehemaliger Fahrweg den steilen Hang nach links hoch in den Weiler **Haut Munat.** Oben gehen wir nach rechts und folgen der ersten kleinen asphaltierten Straße links. An der folgenden Kreuzung gehen wir schräg geradeaus weiter auf einem Feldweg und an der folgenden T-Kreuzung links. Gut 100 m weiter weist uns ein Schild „Menhir" und ein Fußweg nach rechts in den Wald (47°19'33,5" N – 0°29'43,2"O).

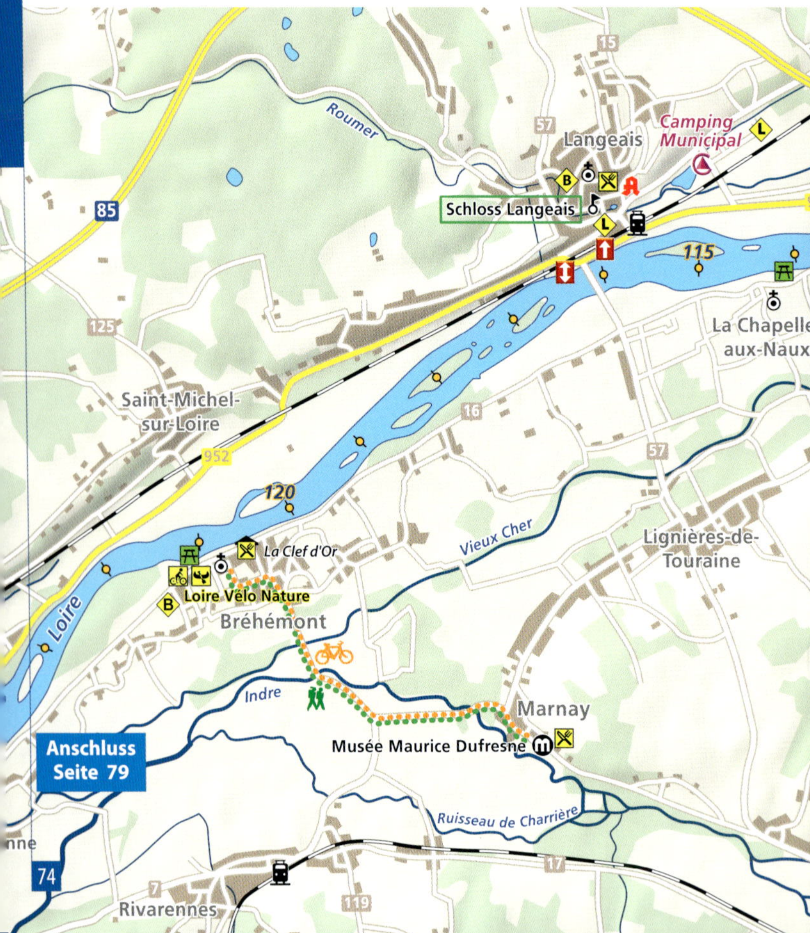

Anschluss
Seite 79

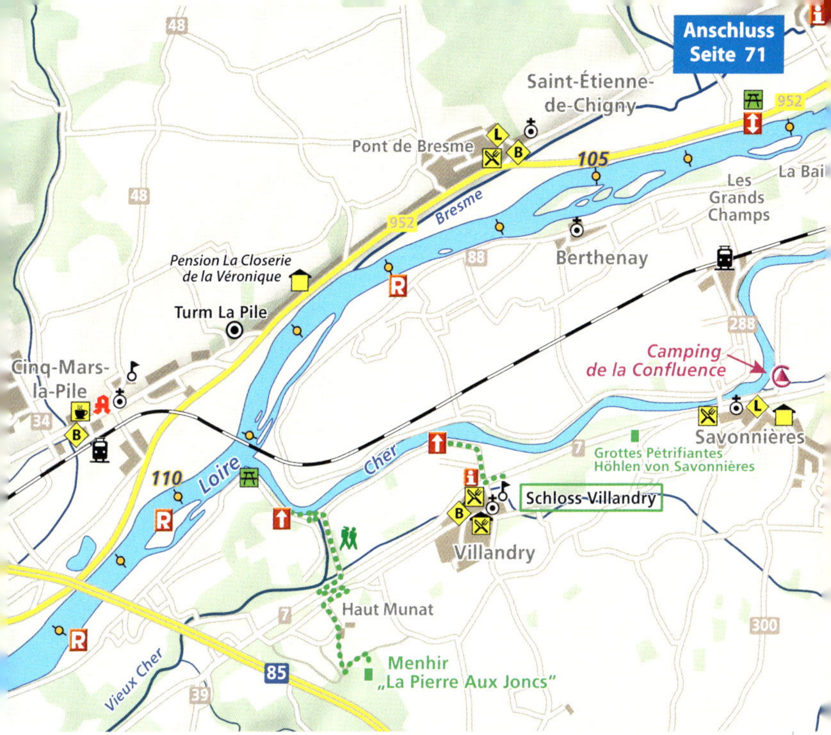

Mensch und Loire

Jungsteinzeit – Dolmen und Menhire

Mit Ende der Eiszeit, ab ca. 9600 v. Chr., begann die Wiederbewaldung Mitteleuropas. Waren die altsteinzeitlichen Menschen Jäger und Sammler, so entwickelte sich in verschiedenen Regionen eine Kultur der Ackerwirtschaft und Viehhaltung, auch neolithische Revolution genannt. In den Bereichen von Bretagne und oberem ***Loire-Tal*** *entstand etwa um 4500 v.Chr. die neolithische Bandkeramik-Kultur. Das milde Klima des Loire-Tales und gute Böden zogen bereits damals die Menschen an, die erste Siedlungen, im späteren Neolithikum Langhäuser in Holzkonstruktion, errichteten.*

Neben Funden von Werkzeug und Keramik überliefern heute zahlreiche neolithische Megalith-Bauwerke die Kultur der Jungsteinzeit-Menschen.

Zum einen ***„Menhire"*** *– aufrecht gestellte und verankerte säulenförmige Einzelsteine, die meist nicht verziert waren. Ihre Bedeutung ist immer noch rätselhaft. Ob sie besondere Kraftorte der Natur markieren sollten, ist wissenschaftlich nicht bewiesen. Zum Anderen* ***„Dolmen"*** *– bestehend aus drei oder mehr großen Tragsteinen und einem oder mehreren Decksteinen.*

Das so entstandene „Bauwerk" wurde ursprünglich von Erdhügeln bedeckt und diente als Grabstätte, meist als Gemeinschaftsgrab. Im Département Loire-et-Cher finden sich jeweils über 20 Dolmen und Menhire, im Département Maine-et-Loire sind es sogar jeweils über 50. Viele dieser Bauwerke sind schwer zu finden oder liegen auf Privatgrundstücken.

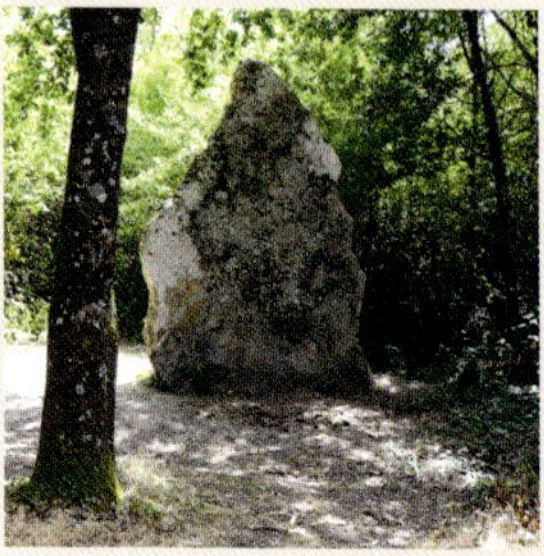

Der ***Menhir „Pierre aux Joncs"*** *westlich von* **Villandry** *liegt am Wanderweg GR 3 in einem Waldstück. Er wurde 3500 v. Chr. errichtet, besteht aus Sedimentgestein und ist 3,65 m hoch, 2,55 m breit und 50 cm tief. Fünf Meter östlich stand ein weiterer Menhir, der 1890 zerstört wurde.*

Mehrere Dolmen können in **Saumur** *oder in* **Gennes** *16 km nordwestlich von Saumur besichtigt werden.*

47°20'39,9" N–0°30'11,5"O Ein weiterer kultureller Höhepunkt ist der Besuch von **Schloss Villandry**. Etwa 2,5 km in den Fluss Cher hineingepaddelt beginnt der kürzeste Weg *(etwa 1 km)* zum Schloss. Dazu steigen wir rechts direkt vor der Rechtskurve aus, folgen dem Fahrweg am Fluss zur Straße und der D16 zum Schloss.

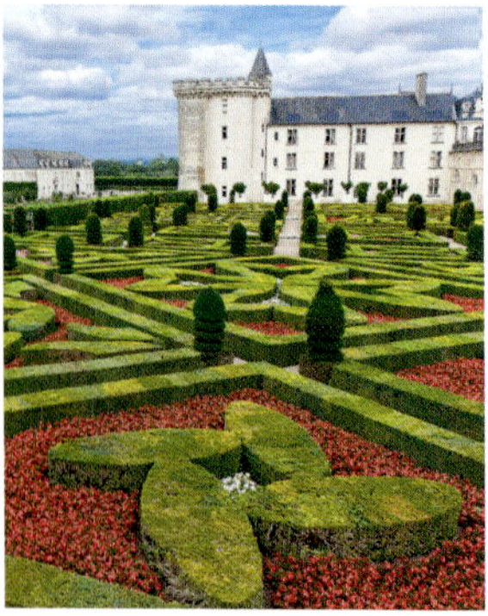

Schloss Villandry wurde Mitte des 16. Jh. im schlichten Renaissancestil erbaut. Es zieht Besucher vor allem wegen seiner weitläufigen Gärten an, die nach alten Vorlagen im englischen Stil gestaltet wurden. Einem Wassergarten schließt sich ein Ziergarten und dann ein vielfarbiger Küchengarten an.

km 111,6/235,6

Brücke

R

Wieder auf der ***Loire*** geht es, vorbei an Inseln mit lauschigen Rastplätzen, unter der *Autobahnbrücke* der A 85 hindurch. Etwa 400 m weiter finden sich ebenfalls gute Rastplätze in einem lichten, jungen Waldstreifen.

km 116,2/231

47°19'17,8"N–0°24'23,8"O

Brücke

Imposant wirkt die markante *Hängebrücke* mit ihren gemauerten Pfeilern, die **Langeais** mit dem linken Ufer verbindet. Etwa 250 m vor ihr kann man an etwas versteckter Stelle rechts anlanden und einzelnen schmalen Pfade durch das niedrige Ufergestrüpp hinauf zum Uferweg und weiter zur Straße folgen. Unter der Eisenbahnbrücke hindurch geht es in den Ort, das beeindruckende mittelalterliche Schloss **Langeais** erleichtert die Orientierung. Auf dem Weg dahin und oberhalb, zwischen Schloss und Kirche, warten mehrere Restaurants auf hungrige Besucher. Seit einigen Jahrzehnten spielt der Weintourismus eine wichtige Rolle im Leben der Kleinstadt, gehören die umliegenden Weinfelder doch zum Anbaugebiet der ***Touraine***. Den *Bahnhof* erreicht man am östlichen Ortsende, indem man im Ort die *Rue Falloux* parallel zur Eisenbahn flussaufwärts läuft.

Markt So 9–13

Château Langeais

Gegen Ende des 10. Jh. entstand hier die erste Festung, die immer wieder Zankapfel zwischen den Grafen von Anjou und Blois war. Im Jahre 1428 wurde die Burg bis auf den Donjon geschleift. Dieser viereckige Festungsturm, dessen Überreste heute im Park des Schlosses zu sehen sind, ist einer der ersten in Stein gemauerten Donjons.

Das neue Schloss wurde ab 1465 unterhalb der ehemaligen Festung erbaut. Es spiegelt die Veränderungen der Architektur vom Übergang des 15. zum 16. Jh. wieder: Die zur Stadt gewandte Seite hat noch alle Attribute einer Festung, Wehrtürme mit Zinnen, Schießscharten, Zugbrücke. Doch die Parkseite hat bereits den Charakter eines adligen Wohnsitzes mit schönen, offenen Fenstern.

Das größte Ereignis im Schloss war die Hochzeit der damals 14jährigen Anne de Bretagne mit König Karl VIII. am Vorabend des 6.12.1491. Damit fiel die Bretagne an Frankreich und nicht an das Haus Habsburg. Anne verpflichtete sich, stürbe Karl VIII. ohne männliche Nachkommen, seinen Nachfolger zu heiraten. Da die gemeinsamen Kinder alle sehr früh starben, ehelichte Anne de Bretagne nach dem Tod Karl VIII. 8 Jahre später König Louis XII.

Schloss **Langeais** ist heute aufwändig möbliert und mit wertvollen zeitgenössischen Wandbehängen ausgestattet. Die glanzvolle Hochzeit wird mit der Zeit entsprechend gekleideten Darstellern im Grossen Saal erzählt und so lebendig erlebbar gemacht.

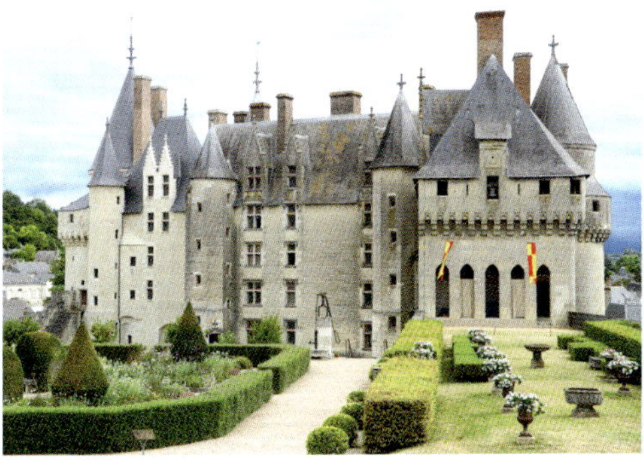

Hinter der Brücke findet sich nach 80 Metern an einer breiten Rampe ebenfalls eine geeignete *Aussetzstelle*. Hinter **Langeais** verzweigt die ***Loire*** sich um viele Inselchen und Sandbänke herum und bildet eine beeindruckende naturbelassene Flusslandschaft. In den frühen Abendstunden sind Biberbeobachtungen keine Seltenheit. Wir bleiben in der Hauptströmung, die zuerst 2,5 Kilometer rechts verläuft und dann nach links wechselt.

km 120,8/226,4

Hôtel Restaurant La Clef d'Or
+33 (0)2 47 96 70

Loire Vélo Nature
+33 (0)6 03 89 23 14

Musée Maurice Dufresne
+33 (0)2 47 45 36 18
Jul–Aug tgl. 9.30–19
Apr–Jun, Sep Di geschl.

Bréhémont auf der linken Seite kündigt sich mit seiner Kirche an, die den Fluss von weitem sichtbar überragt. Ein Anlegen an den Rampen der Kaimauer des etwas verschlafenen Örtchens ist problemlos möglich. Wer übernachten will, legt am hauseigenen Anleger des preiswerten *Hotel-Restaurants „La Clef d'Or"* an. Auf seiner überdachten Außenterrasse direkt über der Loire lässt es sich abends beim Wein, mit Blick auf Loire und Kirche Sainte-Marie-Madelaine, herrlich sitzen. Eine Boulangerie jenseits der Kirche hat leckere Croissants. Dort bietet auch der *Kanu- und Fahrradvermieter „Loire VéloNature"* individuelle und geführte Tagestouren an.

Von hier lohnt ein Besuch der ***alten Mühle*** von **Marnay** *(4,5 km)* mit dem technisch, historischen Museum *Musée Maurice Dufresne* *(aussergewöhnliche Sammlung von Landmaschinen, Postern, ungewöhnlichen Objekten, einer Rüstkammer u.v.m. auf einer Fläche von 10.000 qm).*

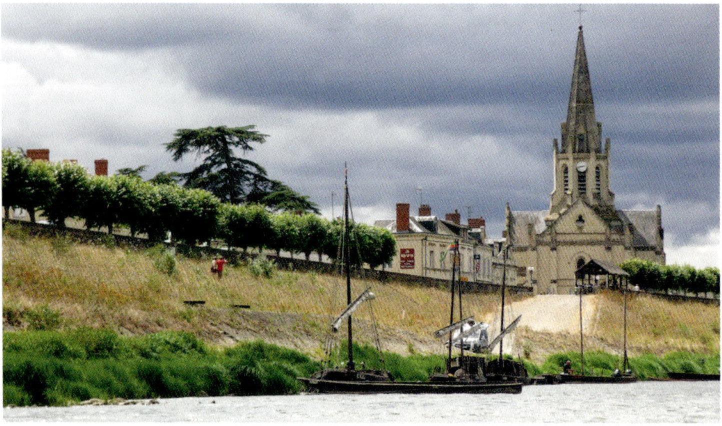

Weithin sichtbar thront die Kirche von Bréhémont über der Loire.

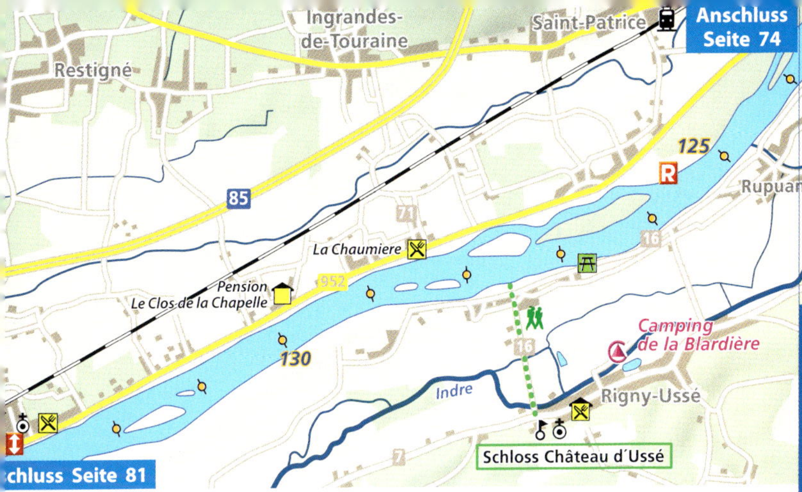

km 127,6/219,6
47°15'43,8"N–0°17'15,6"O
1,5 km

Rund 600 m nachdem wir links vor einer Häusergruppe einen Picknickplatz passiert haben, können wir zwischen Bäumen anlegen und folgen den vom Wasser aus etwas verborgen verlaufenden Fahrweg hinauf zu einer Straßenkreuzung. Die im rechten Winkel von der Loire wegführende Straße D 16 hält geradewegs auf das **Château Ussé** am Ufer des *Indre* in der Ortschaft **Rigny-Ussé** zu.

Die Erzählung „Die schlafende Schöne", eine französische Variante von Dornröschen, soll vom romantischen **Märchenschloss Ussé** inspiriert worden sein. Das Schloss, eine gelungene Mischung aus verspielter Festung und luxuriöser Schlossarchitektur, wurde im 15. Jh. erbaut und im 16., 17. und 19. Jh. erweitert. Heute sind prachtvoll ausgestattete Räume, Szenen mit aufwendigen Kostümen der Zeit sowie der französische Barockgarten zu besichtigen. In ihm sollen Orangenbäumchen stehen, die mehr als 200 Jahre alt sind.

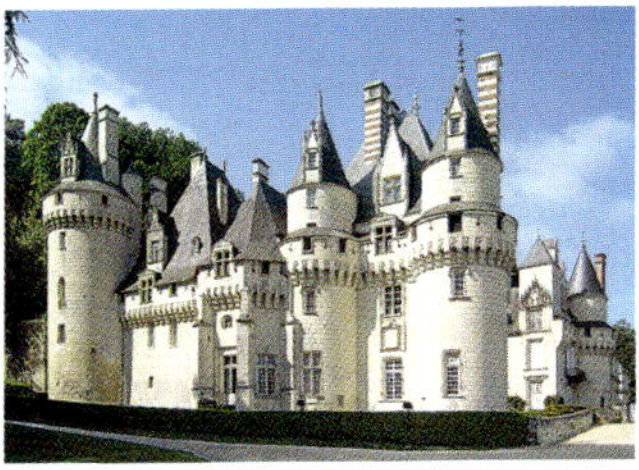

Schloss Ussé gehört zu den bekanntesten der französischen Loireschlösser und ist ein beliebtes Ausflugsziel.

km 128,5/218,7
47°15'51,7"N–0°16'36,7"O

Es folgt ein langes gerades Flussstück, reizvoll geprägt durch viele Inseln und Sandbänke sowie einen breiten Waldstreifen auf der linken und eine steile Uferböschung auf der rechten Seite. Oberhalb verläuft die D 952 an der die einfache, von der Loire aus zu sehende *Snack-Bar La Chaumiere* liegt.

km 129,8/217,4
47°15'33,9"N–0°15'30,0"O

Pension Le Clos de la Chapelle
+33 (0)2 47 97 31 72

Nur wenig weiter befindet sich der Ausstieg zu einer beliebten *Pension* mit Pool an einer kleinen Betontreppe. Kanus können neben die Treppe gezogen und an Baumstämmen gesichert werden.

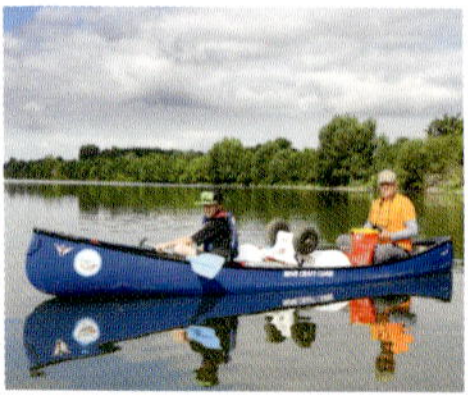

km 133/214,2
47°14'52,7"N–0°13'24,1"O

Camping municipal La Chapelle-sur-Loire
+33 (0)2 47 97 33 91

Rechts erhebt sich **La Chapelle-sur-Loire** über der ***Loire***, davor erstrecken sich weite Sandbänke. Im Ort gibt es einen einfachen, geschotterten *Campingplatz*, der auch von Arbeitern des nahe liegenden Kernkraftwerkes genutzt wird. Der nächste Ausstieg hierzu liegt an der Uferwiese unterhalb bzw. direkt im Anschluss an die Kirche. Von hier halten wir uns auf der Durchgangsstraße nach links und vor der Baumgruppe am Ufer nach rechts in die *Rue Fernand Obligy*. Der Camping liegt 100 m weiter hinter den Häusern.

Im weiteren Verlauf wird die ***Loire*** von ausgedehnten Sandbänken geprägt – landschaftlich ein Genuss. Hier sollten wir am besten immer der Hauptströmung folgen. Schließlich leitet uns die Strömung automatisch ganz nach links, der rechte Flussarm ist durch einen mit Büschen und

Steindamm

Bäumen bewachsenen ***Steindamm*** versperrt.

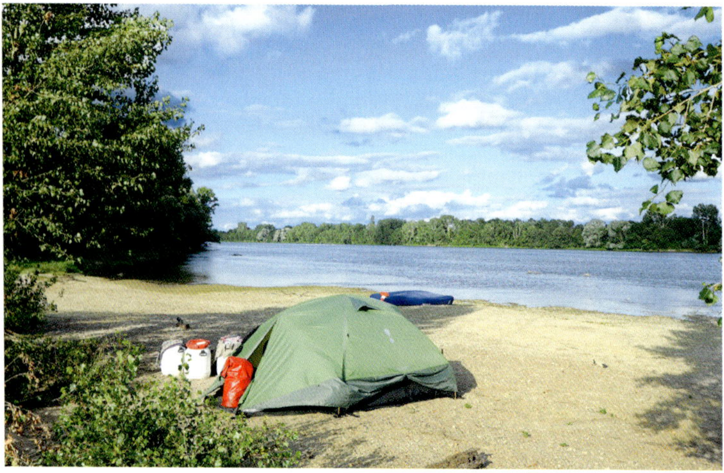

Ein ruhiges Plätzchen mit fantastischer Aussicht – der Traum vom Biwakieren an der Loire.

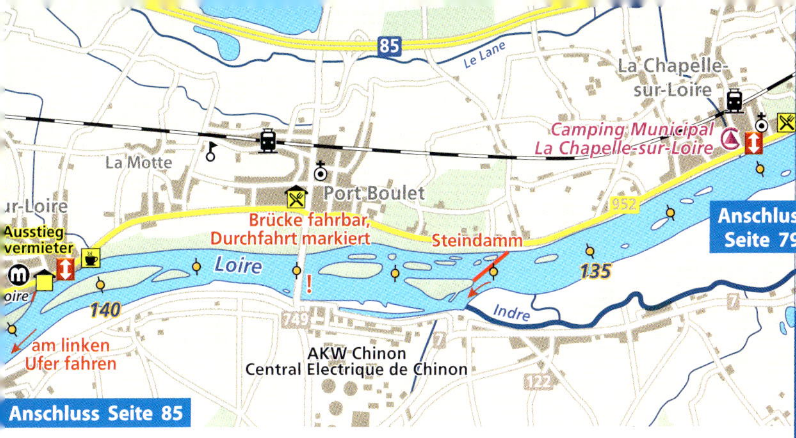

km 136,3/210,9

AKW

Central Electrique de Chinon

Der Zufluss des ***Indre***, des dritten größeren Wasserzuflusses auf unserem Weg, markiert zugleich den Beginn des Geländes des ***Kernkraftwerkes Central Electrique de*** **Chinon**. Wir paddeln ohne Schwierigkeiten durch die vergleichsweise enge Passage direkt am Kraftwerk, danach weitet die ***Loire*** sich fast seenartig auf. Hier tauchen nun die ersten Fahrrinnen-Markierungen auf.

km 138,1/209,1

Brücke

An der Bogenbrücke der D 749 sind zwei Durchfahrten mit orangen Rauten markiert, der rechte der beiden, bzw. 6. Bogen von links, gewährt normalerweise die beste Durchfahrt.

km 140,6/206,6

Pension
Escale de Loire
+33 (0)6 84 65 18 06

Der hübsche Ort **Chouzé-sur-Loire** verfügt über Uferbefestigungen und Rampen zum Anlanden. Am besten wählt man die zweite, flussab gerichtete Rampe. Das *„Café de la Loire“* lädt mit Außensitzplätzen zu einem gemütlichen Aufenthalt mit Getränken und einem Imbiss ein. Direkt oberhalb der Rampe beginnt die *Rue des Mariniers*, an ihr liegt, 70 m vom Fluss entfernt, die reizende *Pension „Escale de Loire“*, das ehemalige Haus eines Flussschiffers – eingerichtet und dekoriert mit Flohmarkt-Antiquitäten, nautischen Stoffen und Naturholz. Das ***Museum zur Schifffahrt auf der Loire***, das *Musée des Mariniers (15. Jun–15. Sep, Do–So 14–18, Tel. +33 (0)2 47 95 18 47)*, ist hinter dem Rathaus *(Marie)* zu finden.

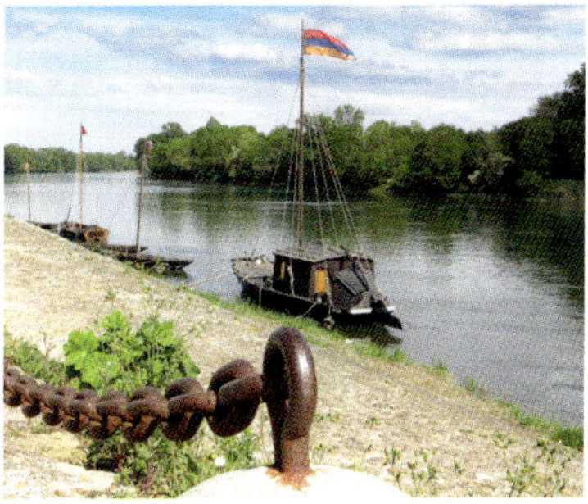

47°13'43,8"N–0°06'49,7"O

Camping municipal Chouzé-sur-Loire
+33 (0)2 47 95 10 10

Auf dem nächsten Teilstück ist die rechte Flussseite immer wieder mit weit in den Fluss reichenden Buhnen blockiert, daher paddelt man, um den *Campingplatz* in **Chouzé-sur-Loire** zu erreichen, links an der vorgelagerten Insel vorbei und auch links an einem langen, schmalen, mit Bäumen bewachsenen Inselstreifen. Unmittelbar dahinter hält man rechts auf die gemähte Uferböschung des Platzes zu. Dem naturbelassenen Platz unter Bäumen ist ein hübscher breiter Sandstrand vorgelagert.

links am Südufer fahren

Auch im weiteren Flussverlauf halten wir uns wegen der *Buhnen* immer links ans meist bewaldete Ufer.

km 145,7/201,5

Camping Belle Rive**
+33 (0)2 47 97 46 03

Mit der ***Vienne*** mündet von links der größte Nebenfluss unserer Tour in die Loire. Gut 800 m die ***Vienne*** flussauf befindet sich rechts der *Campingplatz.* Von hier sind zum einen mit dem **Rad** die ***märchenhaften Gärten*** des 24 km entfernten **Château du Riveau** und zum anderen die lohnende **Abbaye Fontevraud** **zu Fuß** auf dem ***Wanderweg GR 3*** *(rot-weiße Markierung)* in gut 7 km zu erreichen.

*Die königliche **Abtei Fontevraud**, eines der größten Klöster des Abendlandes, wurde 1101 mit der Vision einer idealen Stadt gegründet, in der die Menschen sich in Armut und Stille dem Gebet und der Arbeit widmen. Ungewöhnlich für die Zeit nahm das Kloster Männer und Frauen aus allen sozialen Schichten auf. Ende des 12. Jh. wurde **Fontevraud** zur königlichen Grabstätte u.a. für Henry II. und Richard Löwenherz.*

*Napoleon Bonaparte befahl 1804 die Nutzung des Klosters als Hochsicherheitsgefängnis. Bis zu 2000 Gefangene lebten hier. Erst 1963 wurde es geschlossen und die Restaurierung der Gebäude begann. Die Abtei kann von **Candes-St.-Martin** zu Fuß, von **Montsoreau** mit Rad oder Bus (Linie 1) und von **Saumur** mit dem Bus (Linie 1) besucht werden.*

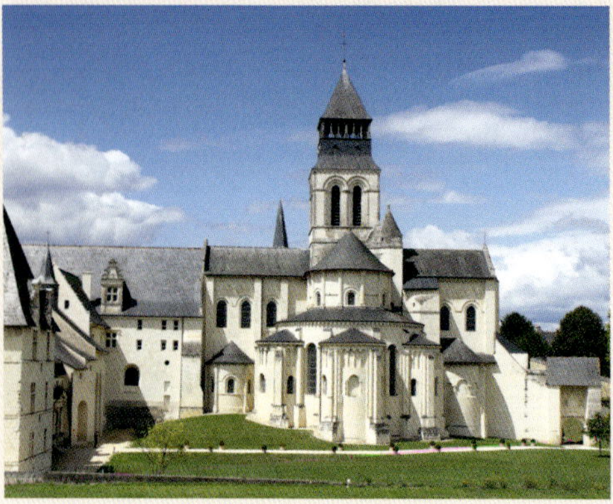

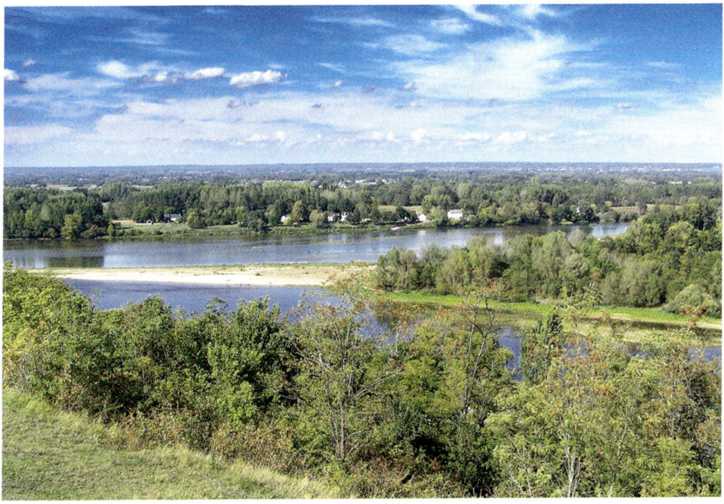

Ruhig durchströmt die Loire ihr weites Land, hier am Zusammenfluss mit der Vienne.

Wer nicht den Campingplatz ansteuert, blickt im Mündungsbereich auf den beeindruckenden weißen Bau der Kirche von **Candes-St.-Martin**. Weiter flussab ist am linken Flussufer bereits der quadratische Bau des **Schlosses Montsoreau** zu erkennen. Für einen Besuch der ***Kirche* von Candes** landen wir unterhalb des Ortes an. Es wurde schon als eines der schönsten Dörfer Frankreichs ausgezeichnet. Die Richtung durch den romantischen und sehr verschlafenen Ort mit in hellem Kalktuffstein gebauten Häusern und gekiesten schmalen Wegen weist uns die riesige Kirche. Auf dem kleinen Platz davor verköstigt das *„Restaurant de la Route d'Or"* die Kirchenbesucher.

47°12'46,7"N–0°04'21,0"O

Tuffsteinhöhlen

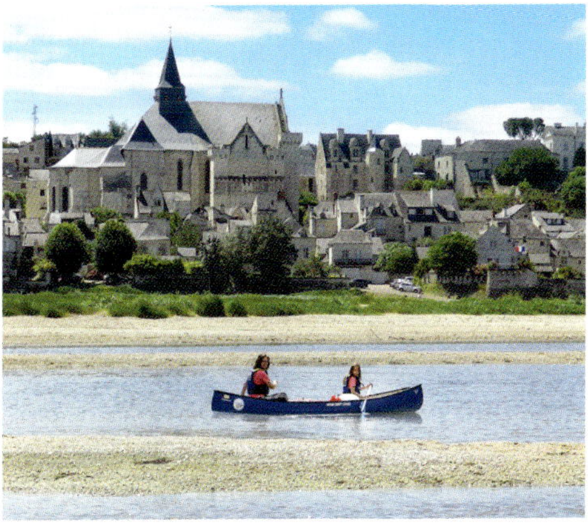

Zwischen Sandbänken und der Kirche des Heiligen Martin in Candes.

*Die große trutzige **Wallfahrtskirche Saint-Martin** erhebt sich heute an der Stelle des Hauses, in dem der Heilige Martin am 8.11.397 starb. Sie wurde*

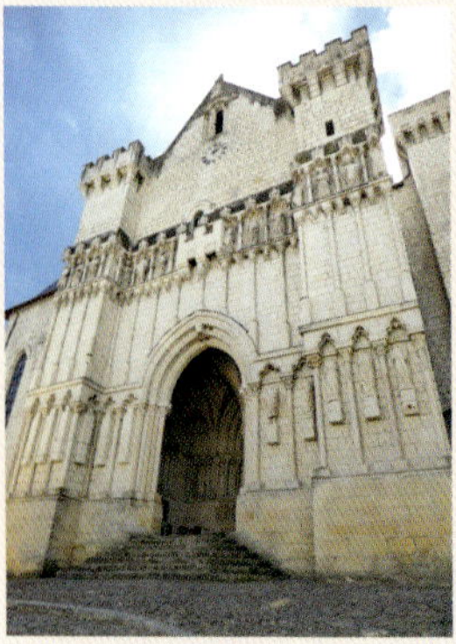

Ende des 12. und Anfang des 13. Jh. aus dem hellen Kalktuff der Loire erbaut und im 15. Jh. um Zinnen und Pechnasen ergänzt. Herausragend ist der Portalvorbau mit einer Kapelle im Obergeschoss, dessen Gewölbe auf einer schlanken Zentralsäule ruht. Die Skulpturen des Chores, Ungeheuer und Palmzweige, zeigen romanischen Einfluss. Das Kirchenschiff schmücken zahlreiche fein herausgearbeitete Figürchen, die früher bemalt waren. Im Chorraum befindet sich die Kapelle des Heiligen Martin, ein Buntglasfenster zeigt die Entführung seines Leichnams nach Tours.

47°12'52,4"N–0°04'02,9"O

Pension La Basinierre
+33 (0)2 47 95 98 45

Pension La Fontaine
+33 (0)2 47 95 83 66

Zwei Pensionen befinden sich am Ortsrand von **Candes-Saint-Martin** Richtung Montsoreau. Rund 450 Meter vor ***Schloss Montsoreau*** können wir nach einem Picknickplatz bzw. vor dem weißen Restaurant-Schiff bei den vielen Angler-Booten ausbooten. Die Unterkünfte liegen am Kreisverkehr schräg gegenüber *(100 m)*.

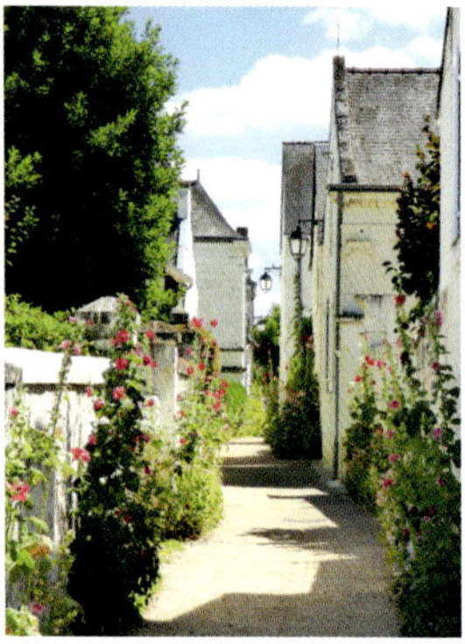

km 146,6/200,6

Das Zentrum des Ortes **Montsoreau** liegt flussab des ***Schlosses***. Etwa 400 m unterhalb, vorbei an zwei großen Rampen, ist einfaches Anlanden an einer Rampe am Ende der Ufermauern möglich. Oben befindet sich der Marktplatz, an dem eine Épicerie *(kleiner Laden)* und zwei Restaurants zu finden sind.

Maison du Parc Loire-Anjou-Tourraine
+33 (0)2 41 38 38 88

Das *Parkinformationszentrum des Regionalen Naturparks Loire-Anjou-Touraine*, der sich zwischen **Angers** und **Tours** zu beiden Seiten der ***Loire*** erstreckt, informiert mit einer Ausstellung über Landschaft, Flora und Fauna. Auf Nachfrage sind Infos auch auf Deutsch erhältlich.

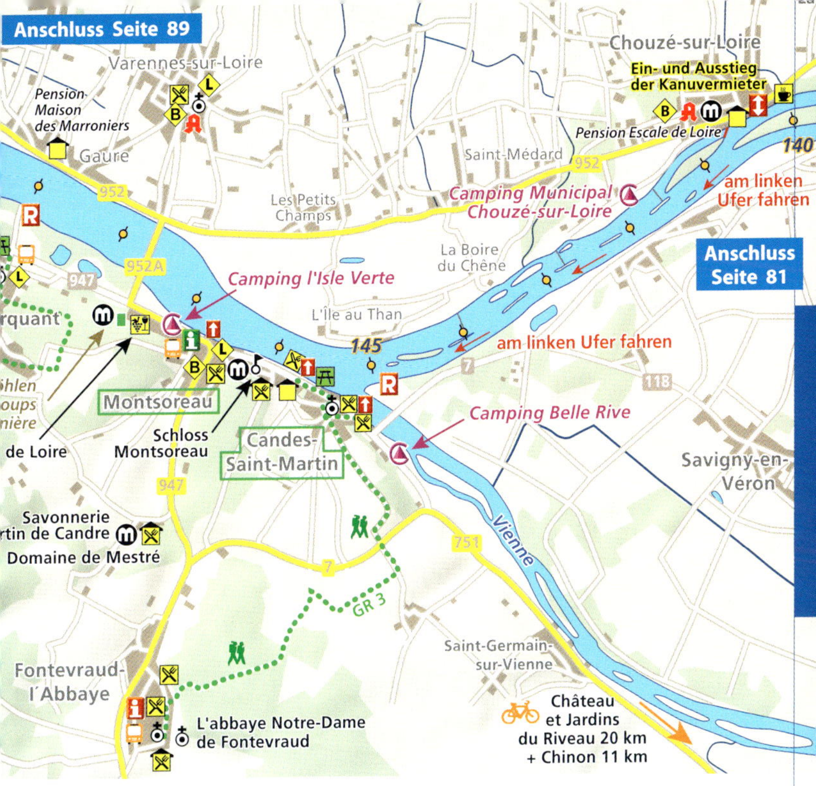

Schloss Montsoreau

Auf dem Platz des römischen Festungslagers „Monte Sorello“ aus dem 11. Jh. wurde das **Schloss Montsoreau** Mitte des 15. Jh. erbaut. Es diente der Kontrolle über die Loire und der Sicherung der wichtigen Straße von Chinon nach Saumur. Die Loire floss damals direkt an den Festungsmauern entlang und zusätzlich durch angelegte Gräben rund um das Schloss, anders als bei den übrigen Loire-Schlössern. In jener Zeit wurden aus reinen Militärfestungen Komplexe mit wohnlichem Charakter, was sich in großen Fenstern, vielen Kaminen und dem Vorhandensein einfacher Sanitäranlagen ausdrückt. Anstatt der damals zeitgemäßen runden Türme wird das Hauptgebäude (*„Corps de Logis“*) von zwei quadratischen Ecktürmen flankiert. Wo auf der Innenseite eine Renaissance-Treppe zu den oberen Stockwerken führt, gab es auch damals schon einen Aufgang.

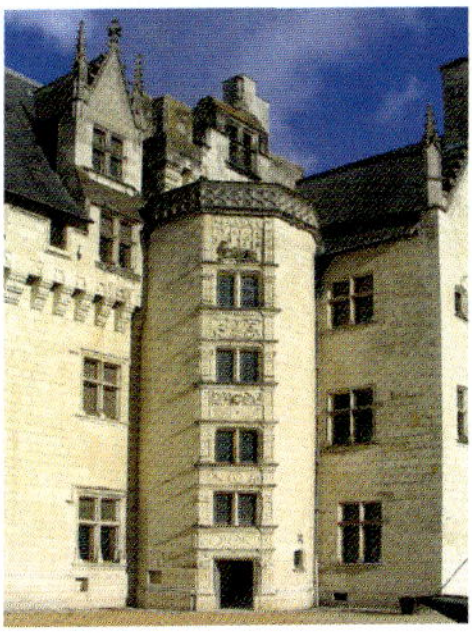

Eines der Zimmer im Erdgeschoss verfügte über einen direkten Zugang zum Fluss. Nach der Französischen Revolution verfiel das Schloss langsam, blieb aber wegen des Romans *„La Dame de Montsoreau"* von Alexandre Dumas auch weiterhin bekannt.

Anfang des 20. Jh. war es praktisch nur noch eine Ruine, bis es 1923 und 1997 aufwändig restauriert wurde. Heute ist hier eine Ausstellung zur zeitgenössischen Kunst zu sehen.

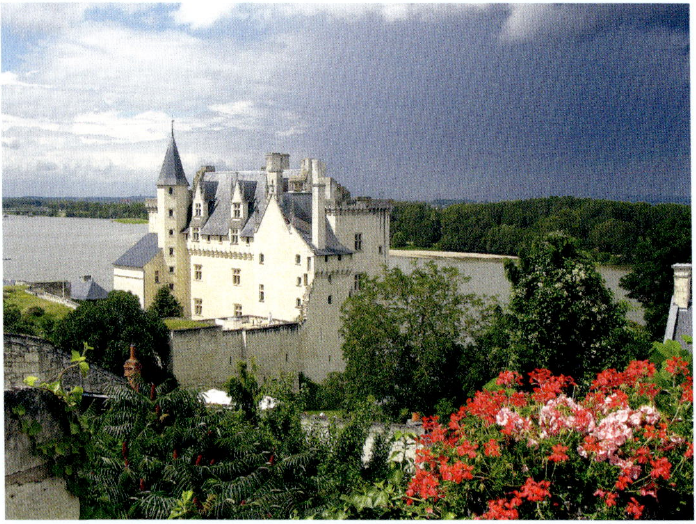

47°13'04,3"N–0°03'20,5"O

Camping****
l'Isle Verte
+33(0)2 41 51 76 60

Der ***Campingplatz l'Isle Verte*** *(in der Hauptsaison oft voll)* befindet sich links am Ortsausgang von **Montsoreau**. Der beste Ausstieg ist eine etwas ausgewaschene, steile Rampe mit einem Schwimmponton unterhalb der Tennisplätze. Vor den Tennisplätzen führt ein Weg an einigen Picknicktischen vorbei nach rechts zu einer Tür in der Umzäunung des Platzes. Den Code für die Tür muss man am Haupteingang in der Rezeption erfragen.

Der Clou sind die Biwak-Zelte – ideal für eine Nacht. Die „Zelte auf Stelzen" bieten im „Erdgeschoss" Bänke und Tisch, während man oben im Schlafbereich bei offenem Zelt in luftiger Höhe einen tollen Blick auf die ***Loire*** genießt. Auf Wunsch mit Frühstückskorb! Nach Voranmeldung können über einen externen Anbieter Fahrräder gemietet werden.

Mit diesen empfiehlt sich eine kleine **Radtour** am Fluss ***Vienne*** entlang ins 17 Kilometer entfernte **Chinon** mit der auf einem Felsporn gelegenen Burg über dem mittelalterlichen Stadtviertel, das im August von einem hübschen Markt geprägt wird. Die hier produzierten Weine zählen zu den besten Frankreichs.

Vom Camping in **Montsoreau** gelangt man nach rund 700 m auf der D 947 Richtung Turquant zu zwei *Besucher-Tuffsteinhöhlen* links oberhalb der Straße. Im Mittelalter schlug man in *„Le Saut aux Loups"* zwei Fliegen mit einer Klappe, indem man die Felsen aushöhlte um Baumaterial für die großen Loire-Schlösser zu gewinnen und die so gewonnenen Hohlräume als Wohnungen und Viehställe und in kriegerischen Zeiten auch als Verstecke zu nutzen.

Tuffsteinhöhlen

Champignonnière „Le Saut aux Loups"
+33 (0)2 41 51 70 30
tgl. 10–18
Jul, Aug bis 19

*Höhlen in einer Gesamtlänge von über 1.000 Kilometern sollen das Loiretal durchlöchern. Viele der sogenannten **„Troglodyten" (Wohnhöhlen)** wurden im 20. Jh. aufgegeben. Einst Wohnraum für arme Leute, befinden sich heute oft edle Unterkünfte mit natürlich ausgeglichenem Raumklima oder charmante Restaurants in den Höhlen.*

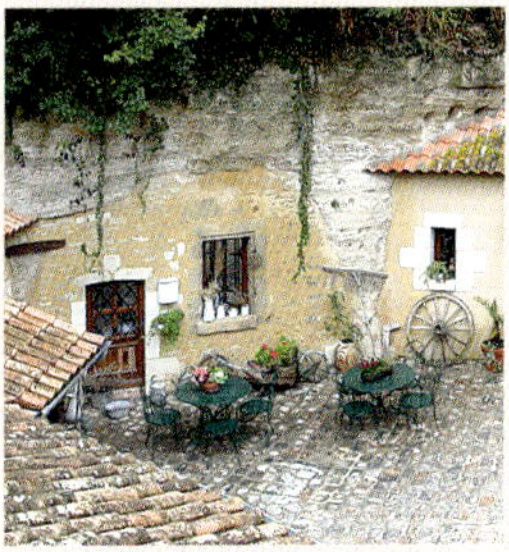

*Für die **Weinanbauregion** des **Saumur** ist der Kalktuff von entscheidender Bedeutung. Spiegelt der Spruch „Les pieds dans la craie et la tête au soleil" – Die Füße in der Kreide und den Kopf in der Sonne – die Bedeutung des Gesteins für den Anbau wieder, so spielen die unterirdischen Höhlen für die Verarbeitung eine wichtige Rolle. Sie haben die ideale Temperatur für die traditionelle Gärung des Schaumweines. Auch werden sie als Lagerräume für Wein genutzt.*

Heute werden in den weitverzweigten unterirdischen Steinbrüchen Pilze gezüchtet, die im angeschlossenen Verkaufsladen der *Champignonnière* angeboten und im angrenzenden *Höhlenrestaurant* als gegrillte Spezialität auf den Tisch kommen. In den Höhlen und Gängen führt das *Museum* überdies in die Methoden der Pilzzucht ein. Daneben, im *„Marché des Vins de Loire" (Eintritt mit Verkostung ca. 8 € p.P.)*, können aus 21 verschiedenen Loire-Weinen 8–10 probiert werden, begleitet von kleinen Häppchen mit lokalen Spezialitäten.

Le Marché des Vins de Loire
+33 (0)2 41 38 15 05
Apr–Sep tgl. 9[30]–19

km 147,6/199,6

47°13'57,1"N–0°02'08,1"O

Brücke

Pension Maison des Marroniers
+33 (0)2 41 38 10 13

Unter der Brücke der D 952 geht es auf das gut 1 km entfernte kleine Örtchen **Gaure** zu *(Ostufer)*. An der zweiten ins Wasser führenden Rampe befindet sich die beste Ausstiegsmöglichkeit zu dem jenseits der Route Nationale gelegenen *„Maison des Marroniers"*, einem 1870 aus dem für die Region so typischen Tuffstein erbauten Haus. Der 6000 Quadratmeter große Garten verspricht auf jeden Fall Ruhe und Entspannung.

Métiers d'art en Troglo
+33 (0)2 41 51 31 56
Mitte Mär–Sep tgl. 10.30–13 + 14.30–19
Okt–Dez tgl. 10.30–12.30 + 14.30–18.30

Hinter den ehemaligen Hafenanlagen mit vorgelagerten Sandbänken am Ufer gegenüber und durch dichten Wald vom Fluss getrennt, liegt das Tuffsteinhöhlenörtchen **Turquant** mit den in die Hänge eingearbeiteten, bemerkenswert gut erhaltenen und unter Denkmalschutz stehenden Höhlenwohnungen. Besonders interessant ist die, unter einem bis zu 12 Meter hohen Bergsockel befindliche, restaurierte Höhle *Métiers d'art en Troglo,* in der Kunsthandwerker ihr Handwerk und Kreationen zeigen. Wenn nicht gerade Touristenschwärme einfallen, präsentiert sich der von Weinbergen umgebene Ort eher verschlafen. Seine Besonderheiten erschließen sich erst, wenn man sich in die Häuser begibt, in einem der Geschäfte stöbert, in den Restaurants das Essen genießt oder sich von den Weinbauern in die Geheimnisse ihres Anbaugebietes einweihen lässt und die Saumur-Weine verkostet.

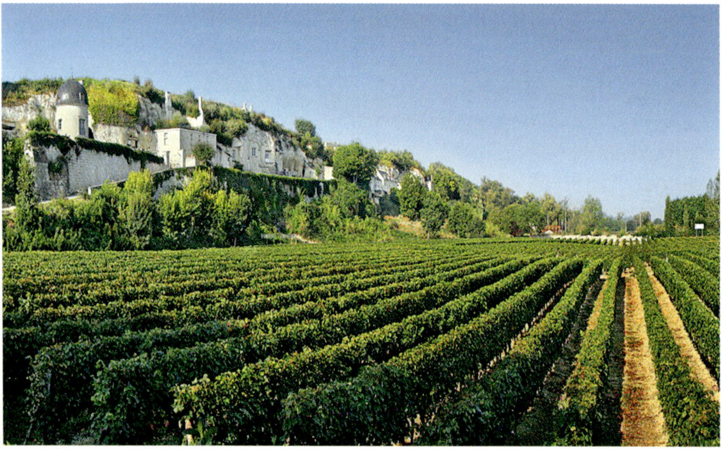

Weinfelder der beliebten Loire-Weine und Tuffsteinhöhlenhäuser in Turquant.

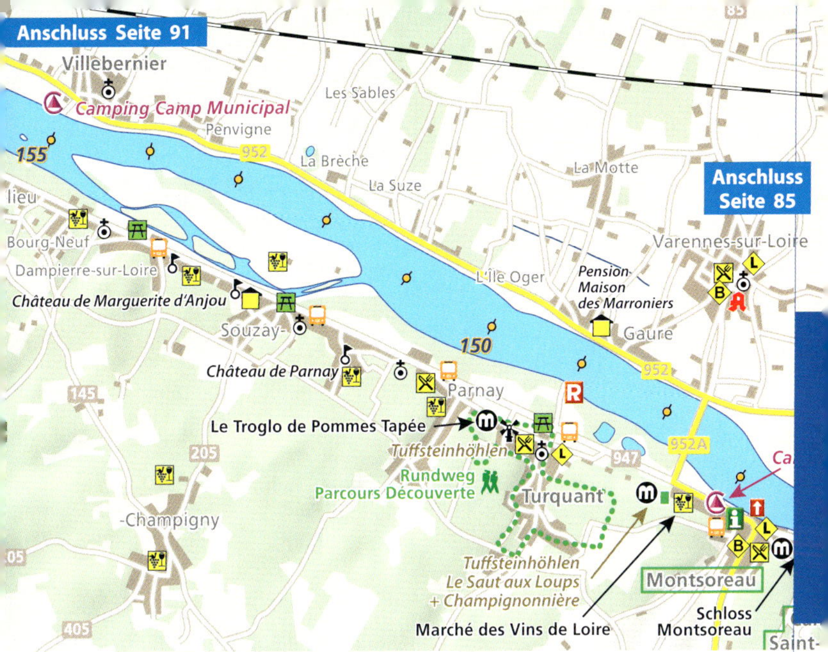

*Noch im 19. Jahrhundert bildete die Herstellung der **„geklopften Äpfel" – die „pommes tapées"** einen Teil der Loire-Geschichte, die Anfang des 20. Jahrhunderts jedoch verloren ging. Geschälte Äpfel wurden in flachen Weidenkörben mehrere Tage in Tufföfen getrocknet und dann mit einem speziellen Hammer flachgeklopft. Diese Art der Konservierung war bereits zur Zeit der Französischen Revolution bekannt und erlebte ihre Blütezeit um 1880, als sich die Winzer aufgrund der durch die Reblaus zerstörten Weinberge eine neue Beschäftigung suchen mussten.*

Unmengen der „geklopften Äpfel" wurden nach Belgien, Großbritannien, sogar bis nach Skandinavien exportiert, wo die haltbaren Vitaminspender besonders in der Seefahrt Verwendung fanden.

François Vermeulen erzählt Besuchern von diesem Handwerk unserer Vorfahren und lädt zur Verkostung ein.

Le Troglo des Pommes Tapées
+33 (0)2 41 51 48 30
Apr–Sep 10–12.30 + 14–18.30, So bis 18
Mo+Di geschlossen

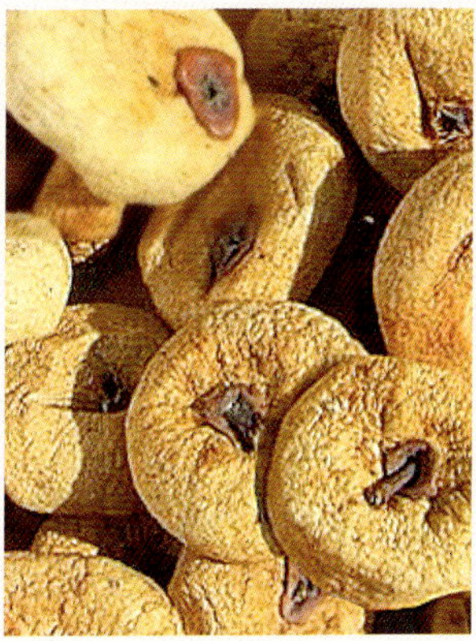

Auf dem gut fünf Kilometer *(ca. 2 Std.)* langen **Lehrpfad Parcours Découverte** durch **Turquant** erfährt man Wissenswertes zur Loire, die Weinberge, Höhlenwohnungen und die Pilzzucht.

Turquant ist auch von Montsoreau aus zu Fuß oder mit dem Rad zu erreichen, Infos hat das Touristenbüro in Montsoreau.

Versäumen Sie nicht, im nahegelegenen **Souzay** *(ca. 3 km)*, die einzigartigen, unterirdischen Wohn- und Geschäftsstraßen „***La Rue du Commerce***", wo Handwerker und Händler bis zur Mitte des 20. Jahrhunderts lebten und arbeiteten, zu besichtigen *(Achtung viele Radfahrer!)*. Zu finden ca. 200 Meter hinter dem ***Château de Marguerite d'Anjou***.

km 154,5/192,7 Auch auf den folgenden Kilometern erfreuen wir uns an den ausgedehnten Sandbänken im Flussbett. An der gemauerten Uferbefestigung auf der rechten Seite erkennen wir den Ort **Villebernier** *(kleiner Campingplatz)*.

km 156,5/190,7
Damm links fahren
Brücke

Hinter der nachfolgenden Eisenbahnbrücke liegt die Insel ***Île d'Offard*** von **Saumur**. Der rechte Flussarm ist durch einen *Damm* blockiert, wir müssen links paddeln.

Camping*****
l'Île d'Offard
+33 (0)2 41 40 30 00

Gleich auf der Inselspitze befindet sich der *Camping l'Île d'Offard*, sein Tor ist jedoch verschlossen. Um den Platz *(nebenan Sportanlagen, Freibad)* zu erreichen, müssen wir 650 Meter entlang der Insel bis zu einer Rampe paddeln.

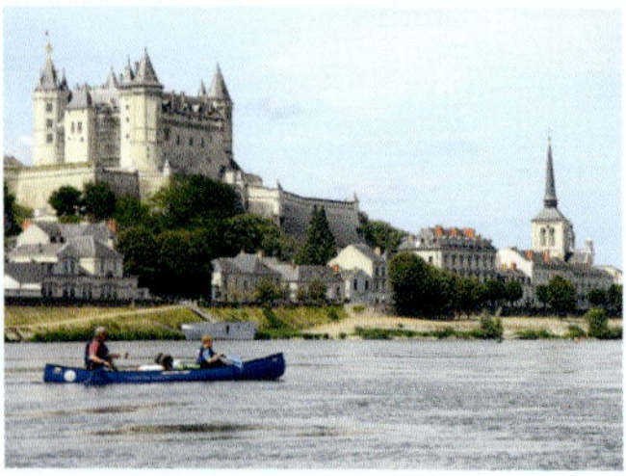

Château Saumur

Von Herzog Ludwig, Bruder König Karls V., auf den massiven Fundamenten einer früheren Festung Ende des 14. Jh. erbaut, war das Schloss früher mit Schornsteinen und Giebeln prunkvoll geschmückt. Nach dem Tod des letzten Herzogs von Anjou 1480 ging das Schloss an die französische Krone und wurde Sitz der Gouverneure. Mit Ende der Religionskriege, etwa um 1600, wurde **Saumur** Hochburg der Protestanten. Das Schloss wurde vom Gouverneur bewohnt und durch umfangreiche zusätzliche Befestigungen verstärkt, u.a. mit den sternförmigen Bastionen. Mit der Absetzung des Gouverneurs begann der Verfall des Schlosses. Zwar wurde es von der Französischen Revolution verschont, doch nicht von der Nutzung als Gefängnis zwischen dem 17. und 18. Jh. und später als Waffen- und Munitionslager. Schließlich erwarb 1906 die Stadt das Schloss, ließ es restaurieren und nutzt es heute als Museum für dekorative Kunst und Museum für die Entwicklung der Reitkunst.

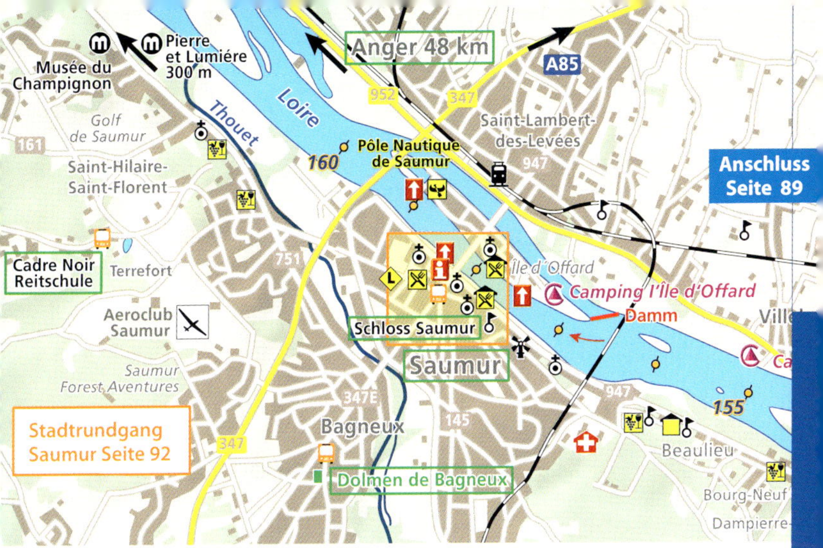

Brücke

Hôtel** Restaurant Mercure Bords de Loire**
+33 (0)2 41 67 22 42

Nur wenige hundert Meter nach dem Campingplatz besteht am Ufer der ruhigen Flussinsel, 200 Meter vor der Bogenbrücke, die Möglichkeit an einer Rampe auszusetzen, um im *Hotel* zu nächtigen. Das Kanu kann gleich oberhalb in der *Hotelgarage* *(gebührenpflichtig)* deponiert werden. Auch auf der linken Flussseite gibt es zwei wassernahe Hotels, jedoch muss dort das Kanu ungesichert am Fluss verbleiben *(siehe Adressen)*.

km 158,2/189

Brücke

Mit der Pont Caesar, der Brücke der D 947, ist **Saumur** erreicht. Vorsicht, hier sind häufiger motorisierte historische Ausflugsboote anzutreffen. Der beste Ausstieg zur Stadt ist 100 m links hinter der Brücke an einer Rampe zum Parkplatz.

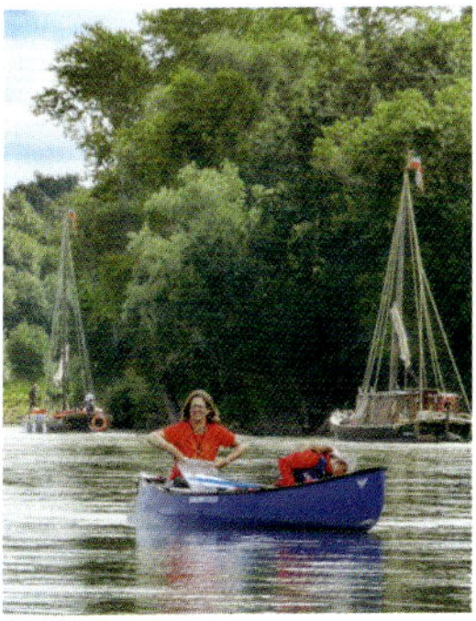

47°16'08,4"N–0°04'54,7"W

Pôle Nautique de Saumur
+33 (0)2 41 51 17 65

Deutlich angenehmer, z. B. auch für eine Abholung, ist der Ausstieg 800 m weiter unten auf der Insel rechts in einer kleinen sandigen Bucht. Dahinter markiert eine hochgestellte Kanuhälfte die *Kanuvermietung*. Dort werden Aufsitzkayaks für Ein- und Zweitagestouren vermietet.

Blick auf Saumur

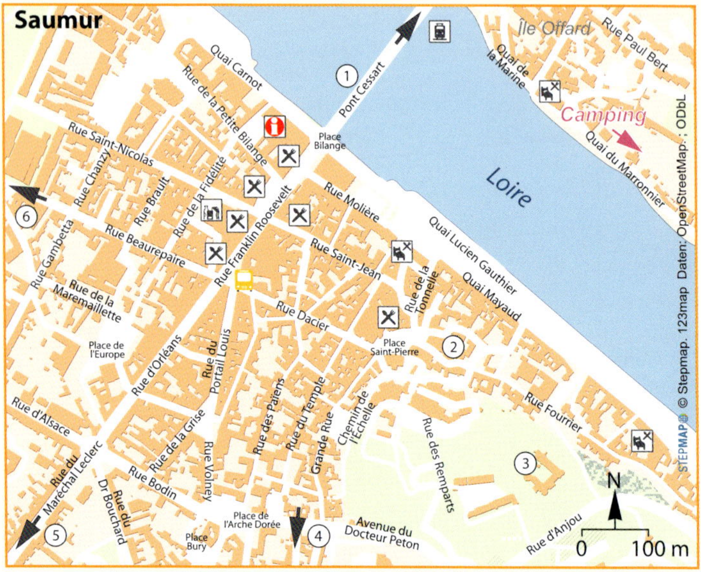

Der Ort entstand im 9. Jh. rund um eine Burg und entwickelte sich im Mittelalter zu einem wichtigen Handelsplatz. Im 16. Jh. bildete sich in Saumur das geistliche Zentrum der Hugenotten, der französischen Protestanten, und eine protestantische Akademie wurde gegründet. Knapp 100 Jahre später, mit Rücknahme des Ediktes von Nantes, das den Protestanten religiöse Toleranz und Bürgerrechte gewährte, wurde die Akademie geschlossen und viele Einwohner verließen die Stadt.

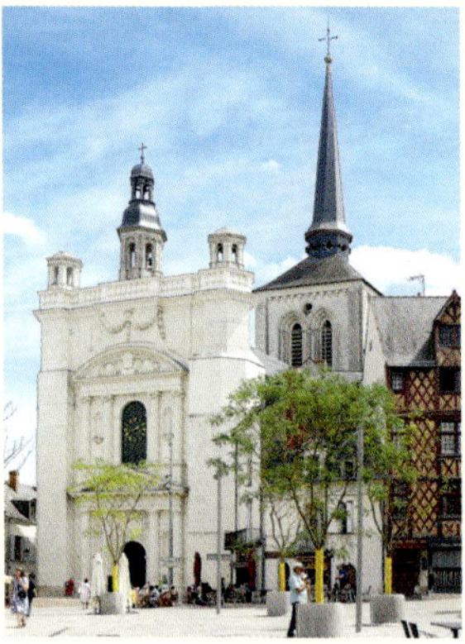

Im Zweiten Weltkrieg wurde Saumur vom deutschen Offizier Feldt, einem Pferdeliebhaber, erobert, der auf die angebotene Unterstützung von Bombern verzichtete, um Pferde und Kavalleristen zu verschonen.

Heute hat Saumur mit seinem städtischer Charakter 27.000 Einwohner und ist Zentrum eines Weinanbaugebietes für die Sorten Saumur Moussex, Saumur Blanc und Saumur Rouge. In Produktion und Weiterverarbeitung von Champignons sowie im Gartenbau, u.a. in der Produktion von Rosenstöcken, ist Saumur führend.

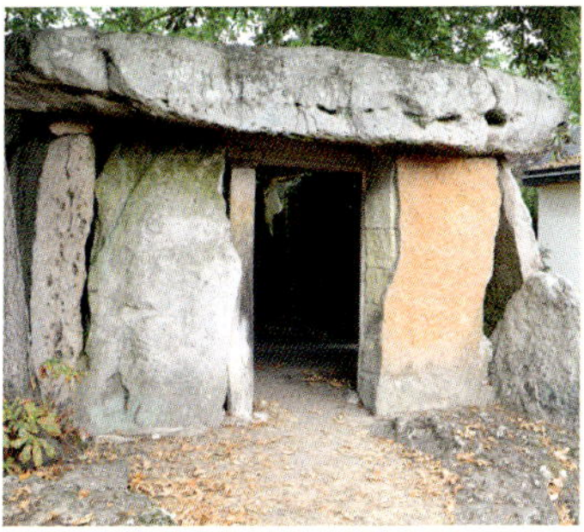

(1) ***Pont Cessart (1756–1770).*** Erste Bogenbrücke ohne Hindernisse für Paddler.

(2) ***Katholische Kirche Saint-Pierre-du-Marais*** (12. Jh.).

(3) ***Château Saumur*** (s. Seite 90).

(4) ***Romanische Kirche Notre-Dame-de-Nantilly*** (12. Jh.).

(5) ***Dolmen de Bagneux.*** Ca. 5.000 Jahre altes neolithisches Grabmonument, einer der größten Dolmen Frankreichs (18 x 5 Meter). Ursprünglich als Gemeinschaftsgrab errichtet, hat er lange als Scheune gedient, heute im Hof einer skurrilen Gaststätte.
Mit Bus-Linie 32 *(Richtung Bagneux)* erreichbar *(Ausstieg: Écoles)*.

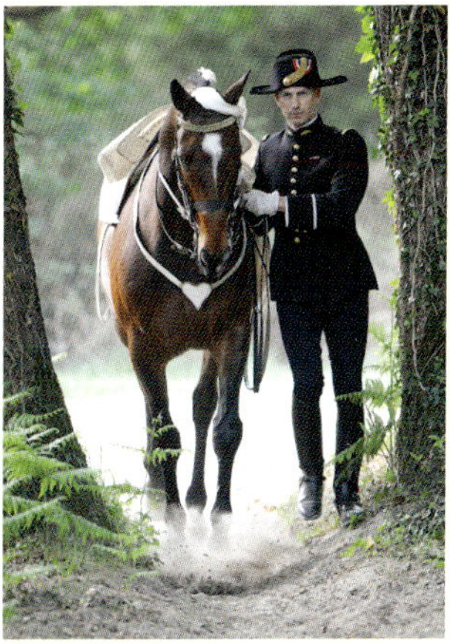

(6) ***Le Cadre Noir.*** Berühmteste französische Reitschule *(Ecole Nationale d'Equitation)*, größte Reithalle Europas, geführte Besichtigungen und Vorführungen. Gegründet 1814 als reiterliches Ausbildungs- und Elitekorps des franz. Militärs. Der Name Cadre Noir rührt von der schwarzen Uniform des Rittmeisters.

Office de Tourisme Du Saumurois, 8 bis Quai Carnot, 49415 Saumur, Tel. +33 (0)2 41 40 20 60, www.ot-saumur.fr

Jul–Aug gibt es Touristen-Buslinien *(A, B und C, www.agglobus.fr)* die zu Sehenswürdigkeiten fahren, z.B. *Linie A: Musée du Champignon, Cadre Noir.* Bei der Tourist-Info buchen.

Mit Kindern lohnt in **Saumur** das ***Musée du Champignon*** und 300 m weiter ***Pierre et Lumiére*** (Miniatur-Kirchen, -Burgen, -Dörfer in Tuffstein gehauen), *beide Apr–Sep 10–19, sonst 10–18, Route de Gennes, St. Hilaire St Florent.*

Außerhalb von Saumur lohnt **Doué-la-Fontaine**, 18 km südwestlich, hier können u.a. verschiedenste *Tuffsteinhöhlen* (z.B. das *Höhlendorf Les Perrières*, Jun–Sep tgl. 10–19, www.les-perrieres.com) besichtigt werden.

Angers mit einer langen Liste von historischen Monumenten und einer Altstadt, die als UNESCO-Weltkulturerbe unter Schutz gestellt wurde, befindet sich 50 km nordwestlich. Nordöstlich davon, am Flughafen von **Angers,** liegt das ***Musée Régional de l'Air à Marcé***, ein kleines Luftfahrtmuseum.

Übernachtung in Wassernähe

Amboise (37400)

*Camping** municipal de l'Île d'Or d'Amboise, (2017: geöffnet Apr-Sep),* 04 Allée des Mariniers, Tel. +33 (0)2 47 57 23 37, www.camping-amboise.com

Hôtel Bellevue, 12 Quai Charles Guinot, Tel. +33 (0)2 47 57 02 26, (ab 78,- / DZ), www.hotel-bellevue-amboise.com

La Porte Bleue, 6 Quai François Tissard, Tel. +33 (0)2 47 30 94 40, www.laporteblueueamboise.fr

Pension Fée Maison, 3 avenue de Tours, Tel. +33 (0)2 47 79 35 34, (72,- / DZ), www.feemaison37.fr

Beaugency (45190)

*Camping** municipale Val de Flux, (Mitte Apr–1. Wochenende Sep, Lebensmittelgeschäft, Snack-Bar),* Tel. +33 (0)2 38 44 50 39, E-Mail: camping@ville-beaugency.fr

*Hôtel*** Restaurant Grand Hôtel de l'Abbaye,* 2 Quai de l'Abbaye, Tel. +33 (0)2 38 45 10 10, (ab 69,- / DZ), www.grandhoteldelabbaye.com

Blois (41000)

*Hôtel** Côté Loire Auberge Ligérienne,* 2 Place de la Grève, Tel. +33 (0)2 54 78 07 86, *(500 m unterhalb Brücke rechts hinter Kanalzufluss),* www.logishotels.com

Hôtel-Restaurant Le Pavillon, 2 Avenue du Président Wilson, Tel. +33 (0)2 54 74 03 36, *(ab 40,- / DZ, direkt an Brücke links, Ausstieg wegen Ufermauern 300 m vor Brücke),* www.hotelrestaurant-lepavillon.com

*Hôtel**** Restaurant Mercure Blois Zentrum,* 28 quai Saint Jean, Tel. +33 (0)2 54 56 66 66, *(ab 105,- / DZ, 440 m vor Brücke rechts, Ausstieg unterhalb Parkplatz),* www.accorhotels.com/Blois

Le Manoir du Vieux Cèdre, 5 Rue Basse des Grouets, Tel. +33 (0)9 82 35 10 48, www.manoirduvieuxcedre.com

Bréhémont (37130)

*Camping*** Loire et Châteaux (auch Mobilheim & Bungalowzelt-Vermietung),* Lieu-dit Le Stade, Tel. +33 (0)9 88 28 24 85, *(ganzjährig geöffnet),* www.loireetchateaux.com

Hôtel Restaurant La clef d'Or, 6 Avenue du 11 Novembre, Tel. +33 (0)2 47 96 70 26, (46,- / DZ), www.laclefdor.eu/fr

Candes-Saint-Martin (37500)

*Camping** Belle Rive,* 2 Route de Chinon, Tel. +33 (0)2 47 97 46 03, *(Mitte Apr–Sep),* www.camping-candes.fr

Pension La Basinierre, 48 Route de Compostelle, Tel. +33 (0)2 47 95 98 45, (ab 45,- / DZ), www.labasinierre.com

Pension La Fontaine, 46 Route de Compostelle, Tel. +33 (0)2 47 95 83 66, (ab 60,- / DZ), www.lafontaine-hebergement.fr

Chargé (37530)

Camping municipal du Verdeau, Tel. +33 (0)2 47 57 04-01 /-22, *(Mitte Apr–Mitte Sep)*

Chaumont sur Loire (41150)

Camping Municipal, Tel. +33 (0)2 54 20 95 22, *(ca. Mitte Apr–Ende Sep),* www.camping-chaumont-sur-loire.com

*Hôtel*** Restaurant l'Hostellerie du Château,* 2 Rue Maréchal Lattre de Tassigny, Tel. +33 (0)2 54 20 98 04, (ab 73,- / DZ), www.logishotels.com

Pension La Maison du Pêcheur, 123 Rue du Maréchal de Lattre de Tassigny, Tel. +33 (0)2 54 20 92 57, (ab 75,- / DZ), www.chaumont-sur-loire.com

Chouzé-sur-Loire (37140)

Pension Escale de Loire, 1 Rue des Mariniers, Tel. +33 (0)6 84 65 18 06, (ab 85,-/ DZ), www.escale-de-loire.com

Camping municipal Chouzé-sur-Loire, Tel. +33 (0)2 47 95 10 10, *(ca. Mitte Jun–Mitte Aug),* www.chouze-sur-loire.fr

Cinq-Mars-la-Pilé (37130)

Pension La Closerie de la Véronique, 34 chemin Paul-Louis Courier, Tel. +33 (0)2 47 96 32 71, (71,- / DZ), www.la-closerie-de-la-veronique.com

La Chapelle-sur-Loire (37140)

Camping municipal La Chapelle-sur-Loire, 7 rue Fernand Obligy, Tel. +33 (0)2 47 97 33 91, *(Mai–Mitte Sep),* www.la-chapelle-sur-loire.fr

Pension Le Clos de la Chapelle, 2 rue des Rochereaux, Tel. +33 (0)2 47 97 31 72, (ab 90,- / DZ), www.gite-groupe.e-monsite.com

Lac de Loire / Vineuil (41350)

*Camping*** Val de Blois (auch Mobilheimvermietung),* Le Lac de Loire, Tel. +33 (0)2 54 78 82 05, *(2017: 31.03.-15.10.),* www.campingvaldeblois.fr

Lynes (37230)

Camping Les Granges (auch Mobilheimvermietung), Avenue de l'Europe, Tel. +33 (0)2 47 55 79 05, www.campinglesgranges.fr

Montsoreau (49730)

Hôtel Le Bussy, 4 rue Jehanne d'Arc, Tel. +33 (0)2 41 38 11 11, (ab 80,- / DZ), www.hotel-lebussy.fr

*Camping**** l'Isle Verte (mit Mobilheimvermietung),* Avenue de la Loire, Tel. +33 (0)2 41 51 76 60, (geöffnet 01.04.-10.10.), www.campingisleverte.com

Mosnes (37530)

*Camping** La Poterie, (Kota- und Zeltlodge-Vermietung auch für eine Nacht, Mobilheim ab 2 Nächte),* Tel. +33 (0)2 47 30 50 11, *(Apr–Okt),* www.camping-la-poterie-37.com

Mountlouis-sur-Loire (37270)

*Camping*** Les Peupliers (auch Mobilheimvermietung),* Bords de Loire, Tel. +33 (0)2 47 50 81 90, *(Apr–Okt),* www.aquadis-loisirs.com/de/campingplatz-les-peupliers

Muides sur Loire (41500)

*Camping** municipal Bellevue,* Avenue de la Loire, Tel. +33 (0)2 54 87 01 56, www.muides.fr

*Pension**** Château de Colliers,* Tel. +33 (0)2 54 87 50 75, (bis 150,- / DZ), www.chateau-colliers.com

Nouan-sur-Lore (41220)

Camping Municipal L'Amitié, Tel. +33 (0)2 54 87 01 52, *(ganzjährig geöffnet),* www.campingdelamitie.fr

Rochecorbon (37210)

Hôtel Les Fontaines, 6 Quai de la Loire, Tel. +33 (0)2 47 52 52 86, (65,- / DZ), www.hotel-lesfontaines.fr

Les Hautes Roches, 86 Quai de la Loire, Tel. + 33 (0)2 47 52 88 88, (ab 225 € / DZ), www.leshautesroches.com

Saint Dyé sur Loire (41500)

*Hôtel*** Restaurant Manoir Bel Air,* 1 Route d'Orléans, Tel. +33 (0)2 54 81 60 10, (ab 90,- / DZ), www.manoirbelair.com

Pension Le Clos Joséphine, 9 Rue Montagne, Tel. +33 (0)2 54 81 67 17, (ab 58,- / DZ), www.leclosjosephine.com

Saumur (49400)

*Camping***** L'Île d'Offard (auch Mobilheime),* Rue de Verden, Tel. +33 (0)2 41 40 30 00, *(2017: 13.03.-29.10.),* www.saumur-camping.com

*Hôtel**** Restaurant Anne d'Anjou,* 32 Quai Mayaud, Tel. +33 (0)2 41 67 30 30 (ab 89,- / DZ, *Ausstieg 750 m vor Brücke an Rampe, die zu großem Parkplatz führt, Kanu muss am Fluss bleiben),* www.hotel-anneanjou.com

*Hôtel** Restaurant Cristal,* 10-12 place de la République, Tel. +33 (0)2 41 51 09 54, (ab 55,- / DZ), *Ausstieg an der Rampe 100 m vor der Bogenbrücke links, Kanu muss am Fluss bleiben*, www.cristal-hotel.fr

*Hôtel**** Restaurant Mercure Bords de Loire,* 1 Rue du vieux Pont, Tel. +33 (0)2 41 67 22 42, (ab 89,- / DZ), www.mercure.com

Tours (37000)

Hôtel du Cygne, 6 rue du Cygne, Tel. +33 (0)2 47 66 66 41, (ab 62,- / DZ, *Ausstieg wie Brückenbesichtigung, von dort 260 m in die Stadt)*, www.hotel-cygne-tours.com

Varennes sur Loire (49730)

Pension Maison des Marroniers, 26 Route Nationale, Tel. +33 (0)2 41 38 10 13, (ab 55,- / DZ), www.maisondesmarronniers.com

Vouvray (37210)

*Camping** Le Bec de Cisse,* Le Pont de Cissé, Tel. +33 (0)2 47 35 55 32, www.campinglebecdecisse.fr

Pension Bagatelle, 77 Rue du Petit Coteau, Tel. +33 (0)2 47 27 04 43, (ab 90,- / DZ), www.bagatelle-chambresdhotes.fr

Kanuvermieter

Amboise

Canoë Kayak Club d'Amboise, (Kanadier, vermietet für die gesamte Loire), Allée de la Loire, Île d'Or, Tel. +33 (0)2 47 23 26 52, www.loire-aventure.fr

Beaugency

Le club Loisirs Eaux Vives, (Tagestouren bis Beaugency), 2 promenade de Barchelin, Tel. +33 (0)6 75 96 16 43, www.loisirseauxvives.free.fr

Bréhémont

Loire Vélo Nature, Kryzalid'Nature, *(Aufsitzkanus und PE-Kanus),* 1 place du 8 mai, Tel. +33 (0)6 03 89 23 14, www.loirevelonature.com

Les Ponts de Ce

CANOË KAYAK LES PONTS DE CE, 30 rue Maximin Gélineau, Tel. +33 (0)2 41 44 65 15, www.canoe-kayak-lespontsdece.fr

Rochecorbon

Canoë Company Loire, La peupleraie, Tel. +33 (0)6 70 13 30 61, www.canoe-company.fr

Saumur

Pôle Nautique de Saumur, 1 rue Eric Tabarly, Tel. +33 (0)2 41 51 17 65, www.polenautiquedesaumur.com

St. Dyé sur Loire

Val des Châteaux Canoë Kayak, Tagestouren zwischen Le Cavereau und Chaumont-sur-Loire, Chemin de la Croix du Pont, Tel. +33 (0)2 54 81 67 53, www.vcck41.com

Tours

CKCT Tours, (Aufsitzkayaks und Kanadier für bis zu einen Tag), 5 av de Florence, Tel. +33 (0)2 47 44 92 66, www.ckctours.fr

Vineuil

Loire Kayak, (große Auswahl an Booten für kurze und lange Touren – Aufsitzkayaks, Kayaks, Kanadier, Stand-Up-Paddle, Preise z.B, Cavereau – Amboise 78 €/Pers., Cavereau – Saumur 208 €/Pers. im Kanadier inkl. Transport), Lac de Loire, Tel. +33 (0)6 62 90 15 43, www.loirekayak.com

Vouvray

Association Loire Plus, (u.a. Halbtages-/Tagestouren zwischen Chaumont und Vouvray, auf Nachfrage auch Kanadier für längere Strecken), 1 gare de Vouvray La frillière, Tel. +33 (0)6 08 62 95 15, www.loireplus.com

Fahrradvermieter

Amboise

Locacycle, 2 Rue Jean-Jacques Rousseau, Tel. +33 (0)2 47 57 00 28, ab 14 € / Tag

Bréhémont

Loire Vélo Nature, 3 avenue du 11 Novembre, Tel. +33 (0)6 03 89 23 14, www.loirevelonature.com

Mosnes

*Camping** La Poterie,* (Fahrrad 6,-/ halber Tag, 12,-/ Tag), Tel. +33 (0)2 47 30 50 11, www.camping-la-poterie-37.com

Saint Dyé-sur-Loire

Snack and Bike, 55 Rue Nationale, Tel. +33 (0)6 45 29 72 51, www.snackandbike.fr

Vineuil

Loire Kayak, Lac de Loire, Tel. +33 (0)6 62 90 15 43, www.loirekayak.com

Sehenswürdigkeiten & Sonstige Aktivitäten

Amboise (37400)

Schloss Amboise, Château Royale d'Amboise, Tel. +33 (0)2 47 57 00 98, (Mär 9-17.30, Apr–Jun 9-18.30, Jul, Aug 9-19, Sep–Nov 9-18, 11,20 € / 7,50 €, Audioguide 4 € / 3 €), www.chateau-amboise.com

Schauspiel im Schlosshof, Animation Renaissance Amboise, 9 Montée Abd El Kader, Tel. +33 (2) 47 57 14 47, (Jul und Aug, Beginn: Jul 22.30, Aug 22, 18 € / 10 €), www.renaissance-amboise.com

Le Château du Clos Lucé - Parc Leonardo da Vinci , 2 Rue du Clos Lucé, Tel. +33 (0) 2 47 57 00 73, (Feb–Jun, Sep–Okt 9-18, Jul–Aug 9-19, 15 € / 10,50 €), Kombiticket mit Schloss Amboise, www.vinci-closluce.com

Château Gallaird, 29 Allée du Pont Moulin, (Apr–Mitte Okt Di-So 13-19, 10 € / 7 €), www.chateau-gaillard-amboise.fr

Le Caveau des Vignerons de Amboise, Place Michel Debré, Tel. +33 (0)2 47 57 23 69, (Mitte Mär-Mitte Nov 10-19), caveauvins-amboise.monsite-orange.fr

Markt: Freitag, Sonntag (einer der größten Märkte der Region)

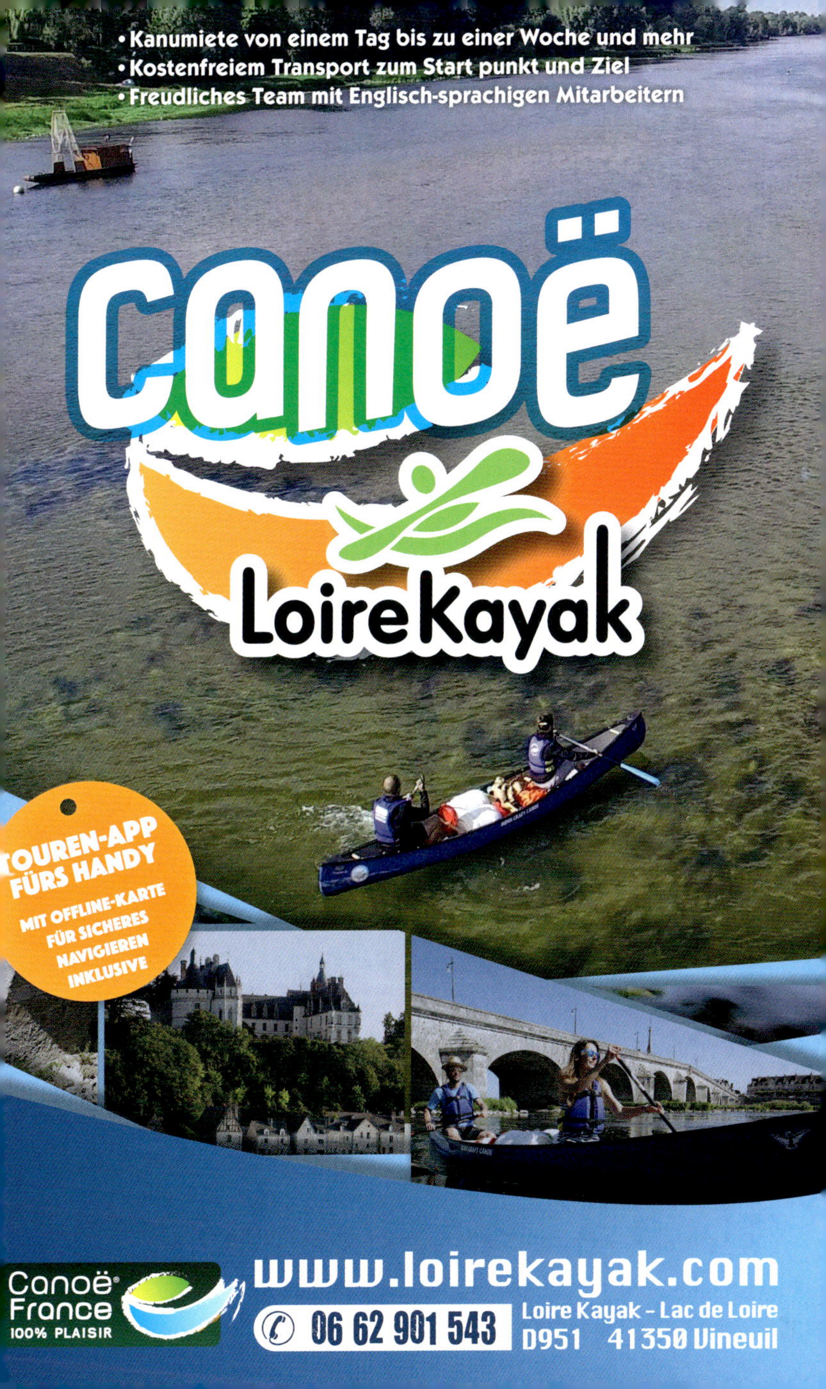
• Kanumiete von einem Tag bis zu einer Woche und mehr
• Kostenfreiem Transport zum Start punkt und Ziel
• Freudliches Team mit Englisch-sprachigen Mitarbeitern
canoë
LoireKayak
TOUREN-APP FÜRS HANDY
MIT OFFLINE-KARTE FÜR SICHERES NAVIGIEREN INKLUSIVE
Canoë France
100% PLAISIR
www.loirekayak.com
06 62 901 543
Loire Kayak - Lac de Loire
D951 41350 Vineuil

Ballonfahrten (ab etwa 200 € / Pers.)

Objectif ciel, 12 Rue des Blès, 37150 Blère, Tel. +33 (0)2 47 57 19 77, *(Abfahrten in Chaumont-sur-Loire)*, www.objecriv-ciel-montgolfiere.com

Aérocom Montgolfière, 36 Rue de Chouzy, 41150 Onzain, Tel. +33 (0)2 54 33 55 00, *(Abfahrten in Blois, Chaumont-sur-Loire, Amboise)*, www.aerocom.fr

BalloonRevolution, 7 Rue de l'Île d'Or, 37400 Amboise, Tel. +33 (0)2 47 23 99 63, *(Abfahrten in Amboise)*, www.balloonrevolution.com

France Montgilfières, 4 Bis Rue du Saussis, 21140 Semur-en-Auxois, Tel. +33 (0)3 80 97 38 61, *(Abfahrten in Amboise)*, www.france-balloons.com

Au Gré des Vents, 65 Avenue de la Paix, 41700 Contres, Tel. +33 (0)2 54 46 42 40, *(Abfahrten in Chambord, Blois, Chaumont)*, www.au-gre-des-vents.fr

Bagneux (49400) Stadtteil von Saumur

Dolmen von Bagneux, 56 Rue du Dolmen, Tel. +33 (0)2 41 50 23 02, (Sep-Jun 9-18, Jul, Aug 9-19 (am Tor klingeln!), 4 € / 2 €), www.ledolmendebagneux.com

Beaugency (45190)

Schloss Beaugency, 2 Place Dunois, Tel. + 33 (0)2 38 44 36 47, (Apr–Jun, Sep–Okt 10-18, Mo geschl., Jul–Aug alle Tage 10-19, 9 € / 7 € / 5,50 €), www.chateau-de-beaugency.com

Markt in der Innenstadt und historischer Markt: Mittwoch 7-13, Samstag 7-17.30

Blois (41000)

Royal Château de Blois & Musée des Beaux Arts de Blois, Tel. +33 (0)2 54 90 33 33, (Apr–Jun/Sep 9-18.30, Jul, Aug 9-19, Okt 9-18, 10 € / 5 €, Audioguide 4 € / 3 €, *Sound- und Lichtshow im Innenhof Mär-Mai 22 / Jun-Aug 22.30, 8,50 € / 5 €*, Kombiticket erhältlich, auch kombinierte Tickets mit Haus der Magie), www.chateaudeblois.fr

Museum zur Loire: Observatoire Loire, 4 Rue Vauvert, Tel. +33 (0)2 54 56 09 24, (Jun, Sep–Okt Sa, So 10-12.30, 14-18, Jul, Aug Di-So 10-12.30, 14-18, Eintritt 4 € / 3 €), www.observatoireloire.fr

Flussfahrten mit traditionellen Booten, Balade en bateau traditionnel, *veranstaltet von Observatoire Loire*, Port de la Creusille, Tel. +33 (0)2 54 56 09 24, www.observatoireloire.fr

Markt: Dienstag, Donnerstag, Samstag

Candes-St.-Martin (37500), Fontevraud-l'Abbaye (49590)

Abbaye de Fontevraud, (Jan–Apr, Nov–Dez, 10-17, Mai–Okt 9.30-18.30, Eintritt 11 €, 7,50 €, Kombipreis Montsoreau 15 €), www.fontevraud.fr

Chambord (41250)

Schloss Chambord, Tel. +33 (0)2 54 50 40 00, (Eintritt 11 €, bis 25 Jahre kostenlos, Parken 4 /6 € Pkw, 11 € Womo), www.chambord.org/de

Chaumont-sur-Loire (41150)

Château de Chaumont-sur-Loire, Domaine Régional de Chaumont-sur-Loire, Tel. +33 (0)2 54 20 99 22, (tgl. 10-17.45, Jul, Aug 10-18.15, Eintritt Schloss 12 € / 7 € bzw. 4 €, Eintritt Domäne mit historischem Park, Gartenanlage, Stallungen 18 € / 11,50 € bzw. 6 €), www.domaine-chaumont.fr

Chouzé-sur-Loire (37140)

Le Musée des Mariniers (*auch Fahrten in historischen Schiffen*), 4 Rue de la Pompe, Tel. +33 (0)2 47 95 18 47 (Schulferien und Mitte Jun–Mitte Sep Do-So & Fei 14-18, 4 € / 3 €), www.chouze-sur-loire.fr

Chouzy sur Cisse (41150)

Golf Hôtel de la Carte, R N 152, Tel. +33 (0)2 54 20 49 00, www.lacarte.com.fr

Langeais (37130)

Château et Parc de Langeais, Place Pierre de Brosse, Tel. +33 (0)2 47 96 72 60, (Apr–Jun, Sep, Okt 9.30-18.30, Jul, Aug 9-19, 9 € / 7,50 € bzw. 5 €), www.chateau-de-langeais.com

Montlouis-sur-Loire (37270)

Cave des Vignerons, Place Abraham Courtemanche, Tel. +33 (0)2 47 45 18 19

Château de la Bourdaisière, 25, rue de La Bourdaisière, Tel. +33(0)2 47 45 16 31, (Apr, Okt 11-18, Mai–Sep 10-19), www.labourdaisiere.com

Montsoreau (49730)

Château de Montsoreau, (Dez–Mär 10-17, 09.Apr–13.Nov 10-19, Eintritt 9,20 € / 5,50 €, Kombitarif Abbaye de Fontevraud 15 €, Familie 2 Erw.-2 K. 25 €), www.chateau-montsoreau.com

Le Marché des Vins de Loire, 7 Chemin des Caves, Tel. +33 0(2) 41 38 15 05, (Okt–Mär 10-12, 14-17, Apr–Sep 9.30-19, 8 €), www.marche-vins-loire.com

Le Saut aux Loups (Tuffsteinhöhlen zur Champignonzucht), Avenue de la Loire, Tel. +33 (0)2 41 51 70 30 (Mär–16.Nov 10-18, Eintritt Museum 6,50 € / 5 €), www.troglo-sautauxloups.com

Maison du Parc Loire-Anjou-Tourraine, 15 Avenue de la Loire, Tel. +33 (0)2 41 38 38 88, (Apr–Okt 9.30-13, 14-18, Jul–Aug 9.30-19), www.parc-loire-anjou-touraine.fr

Rigny-Ussé (37420)

Château d'Ussé, Tel. +33 (0)2 47 95 54 05, (Feb–Mär, Okt, Nov. 10-18, Apr–Sep 10-19, Eintritt 14 € / 4 €), www.chateaudusse.fr

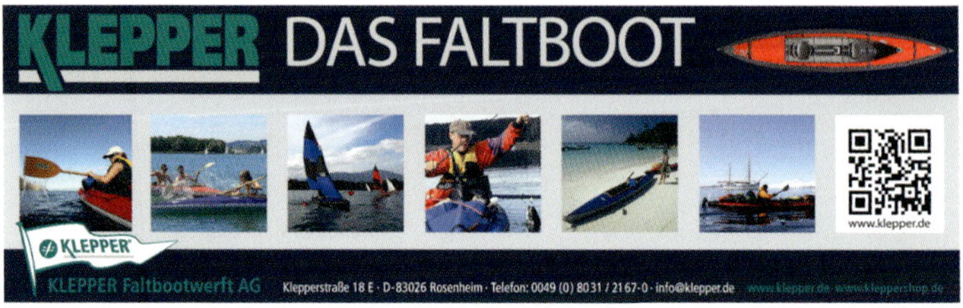

Rochecorbon (37210)

Domaine Marc Bredif, 87 Quai de la Loire, Tel. +33 (0)2 47 52 50 07, www.deladoucette.fr

Saint-Denis-sur-Loire (41000)

Le Château de Saint-Denis-sur-Loire, die Schlossgärten können an folgenden Tagen im Sommer besucht werden: 6.–14. Jul, 20. Jul–16. Aug, 16.–21. Sep 10-16, Eintritt 10 €, 1 rue de la Loire, www.saintdenissurloire.fr/monuments-chateau.php

Saint-Dyé-sur-Loire (41500)

Taxiunternehmen KLP Taxi, 3 Bis Chemin de la Couture, Tel. +33 (0)6 77 94 89 20, www.klp-taxi.fr

Muides-sur-Loire, Saint Dyé-sur-Loire (41500)

La Maison de la Loire du Loir-et-Cher, (Mitte Apr–Mai, Okt–Dez Di-Sa 10-13, 14-17.30, Jun–Aug Mo-So 10-13, 14-18, Eintritt Ausstellung 6,- / 4,-), 73 Rue Nationale, Tel. +33 (0)2 54 81 68 07, www.maisondeloire41.fr

Saumur (49400)

Château de Saumur, (Nebensaison: 10-13+14-17.30, 6 € / 4 €, 15.–30. Jun+1.–15. Sep 10-18.30, Jul, Aug 10-18.30, 7 € / 5 €), Tel. +33 (0)2 41 40 24 40, www.chateau-saumur.com

Kavalleriereitschule Le Cadre Noir, Tel. +33 (0)2 41 53 50 60, (z.B. geführte 1-stündige Tour: Apr–Okt halbstündl. von 10-11.30, 14-16 ohne Pferdeshow, 8 € / 6 €, Vorführung 10.30-11, 19 € / 13 €), www.ifce.fr/cadre-noir

Dolmen von Bagneux, 56 Rue du Dolmen, Tel. +33 (0)2 41 50 23 02, (Sep–Jun 9-18, Jul, Aug 9-19 (am Tor klingeln!), 4 € / 2 €), www.ledolmendebagneux.com

St. Hilaire St Florent (49400) Stadtteil von Saumur

Golf de Saumur, Route des Mortins, Tel. +33 (0)2 41 50 87 00, www.golf-saumur.fr

Tours (37000)

Musée du Compagnonnage, Ausstellung zu Handwerkskunst, 8 Rue Nationale, (9-12.30, 14-16, Mitte Sep–Mitte Jun Di geschl., 5,50 € / 3,80 €), Tel. +33 (0)2 47 21 62 20, www.museecompagnonnage.fr

Musée des Beaux-Arts, 18 Place François Sicard, Tel. +33 (0)2 47 05 68 73, (9-12.45, 14-18, 6 € / 3 €), www.mba.tours.fr

Musée CCCOD (Centre de Création Contemporaine Oliver Debré), Museum zeitgenössischer Kunst, Jardin François 1er, Tel. +33 (0)2 47 66 50 00, (Mo-Fr 9-13, 14-18), www.cccod.fr

Turquant

Domaine des Amandiers, 11 rue Château Gaillard, 49730 Turquant, Tel. +33 (0)2 41 51 79 81, www.domaine-des-amandiers.com

Villandry (37510)

Château de Villandry, 3 Rue Principale, Tel. + 33 (0)2 47 50 02 09, (Apr–Jun, Sep 9-18 (Schloss), 9-19 (Gärten), Jul /Aug 9-18.30 (Schloss), 9-19.30 (Gärten), 10 € / 6,50 € Schloss und Gärten, Audioguide 4 €), www.chateauvillandry.fr

Vouvray (37210)

Château Moncontour, Rue de Moncontour, Tel. +33 (0)2 47 52 60 77, (Verkostung Apr–Mitte Sep Mo-Fr 9-12.30, 13.30-19, Sa, So 10-12.30+14.30-19, *mit Museum zur Weinherstellung in Tuffsteinhöhlen),* www.moncontour.com

Auskunft & Tourist-Infos

Amboise

Office de Tourisme Val d'Amboise, Quai du Général de Gaulle, 37400 Amboise, Tel. +33 (0)2 47 57 09 28, www.amboise-valdeloire.com

Beaugency

Beaugency Tourist Information Centre, 3 Doctor Hyvernaud Square, 45190 Beaugency, Tel. +33 (0)2 38 44 54 42, www.tourisme-beaugency.fr

Blois

Office de Tourisme de Blois / Chambord, 23 Place du Château, 41043 Blois, Tel. +33 (0)2 54 90 41 41, www.bloischambord.de

Bréhémont

Mairie de Bréhémont, 1 Place du 8 Mai 1945, 37130 Bréhémont, Tel. +33 (0)2 47 96 84 71, www.brehemont.fr

Chaumont sur Loire

Information in der Stadtverwaltung, 81 Rue du Mal de Lattre, 41150 Chaumont-sur-Loire, Tel. +33 (0)2 54 20 98 41, www.chaumontsurloire.fr

Langeais

Office de Tourisme de Langeais & Castelvalérie, 19 Rue Thiers, 37130 Langeais, Tel. +33 (0)2 47 96 58 22, www.tourainenature.com

Lynes

Office de Tourisme de Tours, Accueil de Luynes, 9 rue Alfred Baugé, 37230 Luynes, Tel. +33 (0)2 47 55 77 14, www.tours-tourisme.fr

Montlouis-sur-Loire

Office de tourisme municipal Montlouis-sur-Loire, 6 Place François Mitterrand, 37270 Montlouis-sue-Loire, Tel. +33 (0)2 47 45 85 10, www.tourisme-montlouis-loire.fr

Montsoreau

l'Office de Tourisme du Saumurois – Antenne de Montsoreau, 15 Avenue de la Loire, 49730 Montsoreau, Tel. +33 (0)2 41 51 70 22, www.saumur-tourisme.com

Parc naturel régional Loire Anjou Touraine, Maison du Parc, 15 Avenue de la Loire, 49730 Montsoreau, Tel. +33 (0)2 41 38 38 88, www.parc-loire-anjou-touraine.fr

Rochecorbon

Office de Tourisme de Tours, Accueil de Rochecorbon, Place Croissant, 37210 Rochecorbon, Tel. +33 (0)2 47 39 36 07, www.tours-tourisme.fr

Saumur

Office de Tourisme Du Saumurois, 8 bis Quai Carnot, 49415 Saumur, Tel. +33 (0)2 41 40 20 60, www.ot-saumur.fr

Tours

Office de Tourisme de Tours, 78-82 rue de Bernard Palissy, 37042 Tours, Tel. +33 (0)2 47 70 37 37, www.tours-tourisme.fr

Überregional

Tourismusbüro des Départements Loire et Cher, Agence de Développement Touristique Loir-et-Cher-Coeur Val de Loire, 2/4 rue du Limousin, 41043 Blois, Tel. +33 (0)2 54 57 00 41, www.coeur-val-de-loire.com

Regionales Tourismus-Komitee Centre – Val de Loire, Comité Régional du Tourisme Centre-Val de Loire, 37 avenue de Paris, 45000 Orléans, www.valdeloire-france.com

Webadressen

www.loirevalley-worldheritage.org

www.touraineloirevalley.de

www.vinsdeloire.fr

www. loire-a-velo.fr

www.sosloirevivante.org

Allgemeines zum Thema Kanu

Bundesverband Kanu e.V., c/o BVWW, Gunther-Plüschow-Str. 8, 50829 Köln, Tel. (0221) 595 71-0, www.bvkanu.de

Deutscher Kanu-Verband, Bertaallee 8, 47055 Duisburg, Tel. (0203) 997 59-0, www.kanu.de

kajak magazin, Schulstr. 12, 76532 Baden-Baden, Tel. (07221) 95 21-0, www.kajak-magazin.de

KANU-Magazin, Oedenberger Str. 65, 90491 Nürnberg, Tel. (0911) 569 23 33-0, www.kanumagazin.de

Die Autorin

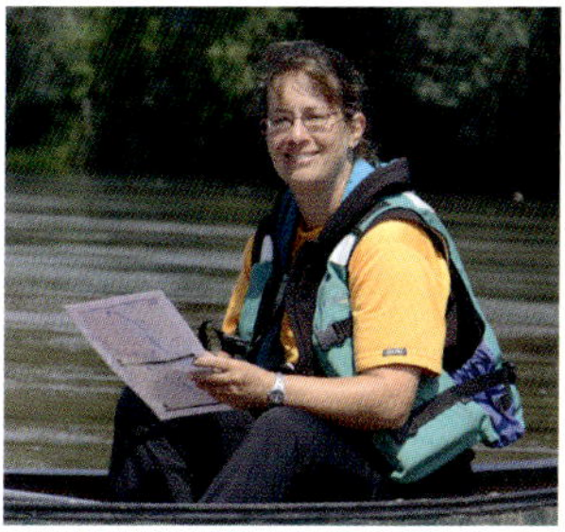

Regina Stockmann, geb. 1969 und von Beruf Chemieingenieurin, hat seit über 25 Jahren das Reisen, Kanu- und Kajakfahren und Wandern zu ihrem Hobby gemacht. Zahlreiche, teilweise mehrmonatige Aufenthalte führten sie nach Nord-, Mittel- und Südamerika, Neuseeland und Australien, Südafrika, Marokko und natürlich durch Europa. Neben dem Erleben und Erfahren anderer Kulturen waren mehrtägige Touren in die Wildnis und möglichst weit weg von der Zivilisation immer ein Hauptanliegen.

Nachdem sie während der ganzen Zeit von ihrem Mann begleitet wurde, sind seit 10 Jahren auch ihre Kinder mit unterwegs – und nehmen Einfluss auf die Reiseplanung.

Register